The Most Expensive Game

最昂贵的博弈

汇率战争与大国布局

伍　聪◎著

中国人民大学出版社
·北京·

图书在版编目（CIP）数据

最昂贵的博弈：汇率战争与大国布局/伍聪著. —北京：中国人民大学出版社，2017.5
ISBN 978-7-300-23678-0

Ⅰ.①最… Ⅱ.①伍… Ⅲ.①汇率-通俗读物 Ⅳ.①F830.73-49

中国版本图书馆 CIP 数据核字（2016）第 283569 号

最昂贵的博弈：汇率战争与大国布局
伍　聪　著
Zui'anggui de Boyi: Huilü Zhanzheng yu Daguo Buju

出版发行	中国人民大学出版社		
社　　址	北京中关村大街 31 号	**邮政编码**	100080
电　　话	010－62511242（总编室）		010－62511770（质管部）
	010－82501766（邮购部）		010－82514148（门市部）
	010－62515195（发行公司）		010－62515275（盗版举报）
网　　址	http://www.crup.com.cn		
经　　销	新华书店		
印　　刷	天津中印联印务有限公司		
开　　本	720 mm×1000 mm　1/16	**版　　次**	2017 年 5 月第 1 版
印　　张	12　插页 1	**印　　次**	2024 年 6 月第 2 次印刷
字　　数	123 000	**定　　价**	72.00 元

目录

Contents

上 篇 | 经典战役篇

第1章 我赚了10个亿//3

第一节 斩首英镑// 4
第二节 大风起兮// 8
第三节 生死诀兮// 11

第2章 一人战一国//15

第一节 奇迹迷思// 16
第二节 经济学理论很丰满// 18
第三节 经济现实很骨感// 24

第3章 金融降头术//31

第一节 三栖战术原理// 32
第二节 攻伐// 35
第三节 变阵// 41
第四节 功罪// 47

中 篇 | 汇市战法篇

第4章 汇市阿赖耶识//51

第一节 知是非知// 52

第二节　非知是知// 61
第三节　相信虚妄// 71
第四节　汇市攻与守// 78

第5章　央行之手//87

第一节　汇市修心// 88
第二节　黄金铸此身：外汇交易员// 94
第三节　央行与汇率// 105

下　篇 | 王者历程篇

第6章　王者天下//115

第一节　双面货币// 116
第二节　英镑其亡也忽焉// 123
第三节　美元其兴也勃焉// 131
第四节　坠落的星条旗// 141

第7章　巅峰之战//149

第一节　“核”平英镑// 150
第二节　三战欧元// 159
第三节　广场落菊// 176

后　记//185

参考文献//187

上篇

经典战役篇

第1章

我赚了10个亿

我生来一贫如洗，但决不能死时仍旧贫困潦倒。

作为一个市场参与者，我关心的是市场价值，即追求利润的最大化；作为一个公民，我关心的是社会价值，即人类和平、思想自由和社会正义。

尽管我老了，但还是一条鳄鱼。

——乔治·索罗斯

第一节 斩首英镑

在金融市场上，中央银行是一国货币的发行者、货币政策的制定者、外汇储备的掌管者和最有权力的金融监管者。鉴于政治地位、资金实力和市场影响力，在金融市场上央行向来被认为是无敌的，根本不可能有人敢跟央行做对手交易！

20世纪90年代之前，世界上最牛的中央银行分别是美联储、德国联邦银行和英格兰银行。其中，英格兰银行是世界上第一家中央银行，有三百多年的历史，英镑也是当时仅次于美元的世界货币。

这样一家中央银行，硬是在1992年被索罗斯“斩首”，在英镑阻击战中完败，用鲜血铸就了索罗斯的成名战。

现在的90后一定听说过欧元，但很少有人知道“欧洲货币体系”（也称为“欧洲汇率机制”），更不用说《马斯特里赫特条约》（Treaty of Maastricht，以下简称《马约》）。所谓《马约》就是欧洲共同体（欧盟前身）12国外长和财政部长在1992年2月7日签订的一份条约，其核心内容是成员国汇率固定，一致对外。为了保持经济平稳，《马约》规定，各国都必须将财政赤字控制在GDP的3%以下，国债保持在GDP的60%以下。

当时英国作为欧洲共同体的12个成员国之一，英镑自然也是欧洲货币体系的组成部分。

不言而喻，《马约》的核心条款存在严重缺陷。欧洲共同体12个成员国经济实力差异很大，既有诸如英国和德国这样的“富豪”，又有诸如意大利这样的“穷哥们儿”。各国不可能真正做到经济同步增长，需要用不同的政策调节经济。

既然如此，麻烦就来了。各国货币政策一旦出现差异，汇率就应该进行调整，然而，在《马约》框架下各国汇率被锁定，根本无法浮动。

当实际的经济形势和协约下的固定汇率出现偏差时，攻击者就会抓住可乘之机。

请记住，当时欧洲共同体12国之间是固定汇率，如果能主动攻击某一国，在货币市场形成“羊群效应”，所有投资者都会闻风而动。一旦构成欧洲货币体系12个成员国中有一个“链条”松动，《马约》建立的货币汇率机制就会被摧毁，汇率就会暴跌。攻击者一定事先下好了赌注，此时就会大发其财。

这个机会谁都知道，整个体系的弱点欧共体成员国也一清二楚，但是，它们相信整个世界上没有人敢对它们下手，这毕竟是12家世界上最强大的中央银行，几乎是市场上的“神”。

不幸的是，欧共体猜错了，这个世界上还是有不信邪的人。索罗斯在《马约》签订的第一时间就开始谋划这场战争，而英国对组建欧元区素来立场不够坚定，于是它就成为了第一个“猎物”。

更不幸的是，索罗斯是对的。

欧共体仅仅成立不到半年，柏林墙刚刚被推倒，民主德国全境正在热火朝天地大兴土木搞建设。大家都知道，基础建设对利率最为敏感，降低利率受益最大的不是中小企业，而是这些项目工程。德国联邦银行如果在此时降低利率，民主德国全境都会变成施工现场，显然，此时利率绝对不能降低。

英国的情况则恰恰相反，1991年英国GDP负增长2.2%，通货膨胀率高达7.4%，失业率为8.3%。虽然还挂着一个全球GDP总量排名第四的头衔（可见索罗斯之凶悍，连世界“老四”都敢动手），英国实际上正处于衰退期，英国民众都眼巴巴等着央行、财政部出大招。

大家都知道，一国如果经济衰退就必须降低利率，刺激大家多借钱、多花钱。英国政府对高利率不堪其扰，经济政策压力越来越大，国内媒体开始攻击《马约》，质疑政府的能力，尤其是国内商界领袖们强烈要求英国退出欧洲货币体系。

迫于无奈，绅士的英国人不怎么绅士地向德国联邦银行告急，要求降低利率。

德国人比较古板，德国联邦银行对英格兰银行的要求嗤之以鼻，但是，英国必须降低利率，让英镑贬值，刺激出口，它没有办法，就想出了很多歪点子……

我们在这里插一句，在全球各国的中央银行中，德国联邦银行是非常有个性的一家，以至于在经济学上都成为了一个流派——“货币政策中性”。德国联邦银行始终坚持一个原则：货币政策必须保持中性，确保物价稳定，不能依靠货币政策过度刺激经济。（另一家有个性的中央银行是法兰西银行，它始终“忽悠”恢复金本位，直到现在法兰西银行也在支持这个观点。）

正因为德国人从骨子里坚持中央银行必须独立于政府，货币政策坚决不能向财政妥协，所以，德国中央银行才得以成为欧洲中央银行的原型。当时的德国联邦银行行长赫尔穆特·施莱辛格（Helmut Schlesinger）是个标准的老学究，又是“货币政策中性”理论的忠实信徒。他向来把经济学理念当做人生信条，在他面前，降息这种事儿断然不可能有回旋的余地。

面对如此古板的施莱辛格，英国财政大臣“急中生智”——放出风说施莱辛格已经同意降息，想通过媒体倒逼施莱辛格就范。

经济学理论是坚决不能违背的信条，施莱辛格在听到新闻的第一时间就火冒三丈，他想到的应对方式更离谱——马上召集媒体吹风会，公开宣布他坚决捍卫德国联邦银行货币政策底线，宁可背负欧洲货币体系崩溃的骂名也要坚持高利率。

可能是施莱辛格比较激动，在大马金刀“修理”英格兰银行的同时，顺手敲打了一下意大利。其实说穿了也没啥，就是批评批评，当时意大利不顾欧共体其他国家反对，擅自降低利率、扩

大基础建设投资、发行巨量国债，有观点认为意大利经济建立在“垃圾债券”的基础之上。整个20世纪90年代初期，意大利的投资都没什么效果，其储蓄却被德国的高利率吸引走了，到1992年初国库已经告急……施莱辛格表态说，意大利快退出欧洲货币体系了。

外汇市场可是市场的巅峰，最接近自由市场的四条基本假设：市场上买卖的产品是同质化的货币（商品同质性）；信息时代，风吹草低，全市场都知道牛羊在哪儿，根本没有隐藏的可能性（信息完备性）；只要用货币的人就是汇率市场参与者，所以，这里的买卖者有无数个（参与者无限性）；谁都可以自由地买卖或者持有某种货币（厂商进出自由性）。

市场向来听风就是雨，施莱辛格对意大利一表态，是央行行长亲自发话呢！结果可想而知，意大利货币体系很快就支撑不住了。

第二节 大风起兮

欧共体最核心的国家是德国，金融的核心则是德国联邦银行，施莱辛格身为央行行长公开宣称让意大利尽快退出欧洲货币体系，这不是给国际炒家提供“子弹”吗？

果然，索罗斯在第一时间就关注到了这条媒体动态，马上下令手下做空意大利的里拉。

屋漏偏逢连阴雨，意大利政坛在1992年颇为戏剧化，阿托玛政府接连曝出丑闻，先后4位部长因涉嫌腐败而辞职，黑手党杀害了一名高级法官，意大利却求助美国政府前来侦查。里拉本就处于风雨飘摇之中，每当有丑闻曝出时，汇率都会动辄下跌三四个点位，意大利银行再拼命回拉，勉强算维持住了《马约》条件。

当时，人们对阿托玛政府信心尽失，盼望政府倒台重组，随之而来的意大利经济复兴也就成了泡影。施莱辛格的发言“捅了马蜂窝”，消息刚一传出，各路国际炒家像见了血的鲨鱼一样开始狂欢。

意大利银行是弱一点，但即便这样也是中央银行，意大利银行当然不甘示弱，不惜血本抛出11.59亿马克的外汇储备死保里拉。

问题的关键是，意大利的外汇储备在明，包括索罗斯在内的国际炒家在暗。一明一暗，犹如军事上的两军对垒，意大利银行的据点完全暴露在对手的炮火之下，而它自己却完全不知道对手藏在什么地方。

1992年9月，面对国际炒家的进攻，意大利银行抵抗了3天就举白旗投降了。后面的事实证明，意大利银行已经很英勇了，英格兰银行只抵抗了1天就缴枪了。

据意大利《共和报》（*La Repubblica*）报道，汇率保卫战失利导致了意大利约1万亿里拉的直接经济损失，约合90亿美元。

最后的结果是：里拉一步到位贬值40%，意大利被迫退出欧

洲货币体系。

唇亡齿寒，按说这个时候英格兰银行应该有所警觉，英国首相约翰·梅杰（John Major）却自我感觉超级良好，他在不同场合多次表达英国将留在欧洲货币体系之内。话音犹在，但英镑已经显露颓势的端倪，英镑对马克比价从2.95跌至2.85，又进一步跌至2.80。

当时，英镑兑马克的生死线是2.78，如果跌破生死线，英镑必须退出欧洲货币体系。英镑保卫战打响！英国政府下令英格兰银行购入33亿英镑守护生死线，并且政府干预外汇市场的消息在第一时间见诸报端。

英国长期处于经济大国的地位，英国人觉得大国政府如此下令，市场还不得望风景从？如果是在平时，这33亿英镑还真没准能稳定住市场情绪，但是，现在不行。市场只认识当下，才不管你是不是曾经的“日不落帝国”。

英国本来就是对欧洲货币体系最犹豫的一个国家，就连普通国民都觉得这事儿太悬，固定汇率让人心里打鼓，何况是家门口还有一位“金融大鳄”在拿着刀枪叫嚣。

就在最关键的时刻，德国联邦银行行长施莱辛格又出马了。他不是力挺英国，而是在背后狠狠捅了英国一刀。他公开表示，德国央行不会为英镑奋不顾身。索罗斯后来说，施莱辛格的表态“吹响了号召所有人狙击英镑的号角”。

就在这样的节骨眼上，英国政府又犯了糊涂：煞有介事地宣布英格兰银行借到了140亿美元，并且将这些钱全部用来捍卫英镑，希望以此来表明自己的决心，顺便震慑一下空头。

之前英格兰银行投入33亿英镑，这个数字太小了，没人相信这会是英格兰银行的家底。140亿美元，这个玩笑可就有点开大了，这肯定是英格兰银行最后的爆炸招了。大家都知道在金融市场要靠“讲故事”，就是因为故事能发挥人类的想象空间。

所以市场里总有国家、有机构或者有人在吹牛，这不稀奇。不暴露底牌，包括国际炒家在内对英格兰银行还是心存忌惮的，毕竟它是世界上最古老的中央银行，在市场中有呼风唤雨的能力，还不定能弄来多少钱呢。但是还没开战，就把底牌都漏了，这个玩笑开大了吧？

第三节 生死诀兮

索罗斯做空英镑的手法很复杂，简单来说就是德国、英国双线作战，逼空英镑的同时又在打压德国股市，双方互为因果。

国际炒家的打法也可以这样理解：事先在银行借贷大量英镑，在最短时间内到外汇市场上去全部卖掉，再换成德国马克；同时，做空德国股票市场，让股价偏离公允价值，吸引投资者买入，增强德国资本市场对现金的吸引力。如果英镑被逼放弃固定汇率，索罗斯就可以在外汇期货上获利，更重要的是，英镑价格

下跌，索罗斯可以用比卖出的时候便宜得多的价格再“买回”英镑，还给银行。

1992年9月15日，索罗斯吹响了对英镑总攻的冲锋号。当天，索罗斯在本土市场抛售了约70亿英镑，英镑汇率直逼生死线1∶2.788 0。在另一线，索罗斯又反方向买入60亿马克，甩出了5亿马克市值的股票。

如果说只是索罗斯一个人在放空英镑、抬高马克，那可能英格兰银行还能应付，毕竟它真的准备了140亿美元。但是，索罗斯调动的是整个市场情绪，带领整个市场都跟他同向操作。也就是说，索罗斯在引发市场的“羊群效应”。

所谓“羊群效应”也叫“从众效应”，在金融市场上就是指身边人的操作会对其他人产生影响，大势一旦形成，必定将挟裹所有投资者向着一个方向前进。在一个特定的事件中，投资者对特定的情境将失去判断力，完全跟随优势观念和行为方式，不会主观上思考事件的意义。

在外汇市场上，最可怕的就是形成羊群效应，一旦市场对某个方向产生了认同，任你有通天彻地之能也无法挽回。

9月15日当天，仅索罗斯抛售的英镑总额就高达70亿，更不用说跟风而来的天量国际游资和中小投资者。意大利投降还用了3天时间，到了老牌帝国的英镑，不到半天的时间汇率比价就跌到了生死线。

这个时候，只需要一个小指头，英镑就会退出欧洲货币体系，英国的货币体系就会崩溃。

盎格鲁–撒克逊人的祖先是海盗出身，当然不可能这么轻易认输！在倒下之前，还会有最后的搏命之战。

英格兰银行急红了眼，当日拿出不止140亿美元，而是269亿美元的外汇储备，但是，谁让你之前放风说140亿美元？同时，英格兰银行两次提高利率，不让对手在金融市场拿到子弹——英镑本币，试图以此来狙击索罗斯和其他国际炒家。

还过房贷的人一定知道利率，看起来不起眼的百分之几是一座大山。**在货币市场上，利率是资金的价格，也是中央银行狙击入侵者的绝招，由于国际炒家都是杠杆操作，提高隔夜拆借利率可以极大地增加国际炒家们的成本，让它们望而却步。**

9月15日当天，英格兰银行就用了绝招，一天之内两次宣布提高利率，利率达到了15%的高位（后面我们会发现，在与国际炒家的对手战中，对利率上限根本没有限制，只有更高没有最高）。

外汇是最重要的金融市场，也是机构的市场，这里几乎没有个人投资者，个人投资很难承担如此高的风险。与股票、期货市场不一样，电话始终是外汇市场重要的交易工具，即使在电子技术高度发达的今天也一样，交易员也许会在网络上联系买卖，但更重要的还是通过电话询问。

利用这种交易方式，“神”一般的索罗斯出现了，他亲自给欧洲各大银行资金业务部门打电话，让外汇交易员们抛售英镑。

索罗斯当时已经62岁了，在金融市场以做空著称。这样的人物亲自上场，简单几个电话就在全球外汇市场引发了轩然大波。

为对抗索罗斯，英方推出的关键人物是首相梅杰，希望凭借首相挽回失去的市场信心。但是，梅杰在电视讲话中不断眨眼睛，正是这一细节被国际炒家看出了破绽，此时的梅杰已经不再自信。

英格兰银行做了最后的努力，恳请德国联邦银行降低利率，但再次被“老顽固”拒绝。9月15日19点，英格兰银行宣布弃守1：2.788 0生死线，承认退出欧洲货币体系，放弃了固定汇率，向索罗斯投降。

在当晚的电视讲话上，英国财政大臣诺曼·拉蒙特（Norman Lamont）面容憔悴，双手始终放在背后，好像自己是一个犯了错准备接受批评的孩子：

> 今天是一个极度困难、极度动荡的一天，巨大的资金流持续地搅乱了欧洲汇率机制；与此同时，政府决定，只有结束我们在欧洲汇率机制中的成员国身份，才能保障英国的最佳利益……

同一时间，索罗斯一定正在曼哈顿某个地方凝神，直到被助手德鲁肯米勒（Druckenmiller）的电话打断。据说当时这个电话只有一句话：“我们赢了。”10月24日，伦敦《每日邮报》（*Daily Mail*）获授权公开了索罗斯使用的战术与最终盈利。头版头条上是巨大的黑体加粗标题——“英镑崩溃，我赚了10亿”。

第2章 一人战一国

世上只有成功者与失败者，没有无辜的受害者，无须道德的评判；在马群里，由于我的出现，马才在奔逃中变得更加强健和敏捷，无须评价功过是非，仅此而已。

金融市场是不属于道德范畴的，在那里道德根本不存在，正因它有自我的游戏规则。

世界经济史是一部基于假象和谎言的连续剧。要获得财富，做法就是认清其假象，投入其中，然后在假象被公众认识之前退出游戏。

——乔治·索罗斯

第一节 奇迹迷思

西方从来都不是这个世界的中心，更不是一个地理优越的地方。农耕时代，无论中国还是印度，亚洲都是一个令西方人向往的地方，它们以为东方遍地都是黄金。只是大航海之后，亚洲前进的速度落在西方之后，荷兰、西班牙、英国迅速崛起；结果每一个崛起的西方帝国都把掠夺亚洲作为自己的目标，直至第二次世界大战之前，东南亚很多地区仍旧是西方殖民地。

1965—1980年东盟年均经济增长速度为7.1%，东南亚人民终于先富了起来，再也不用看西方殖民者脸色行事了。20世纪80年代之后，中国香港、新加坡、韩国、中国台湾迅速崛起，被称为“亚洲四小龙”；泰国、印度尼西亚、马来西亚、菲律宾，被称为“亚洲四小虎”。

龙行有雨、虎行有风，有龙有虎，好不威风！

人们把“四小龙”“四小虎”奉为东方经济发展的典范，甚至把高度提升到价值观的境界，认为这个经济奇迹是儒家文化的胜利。

但是也有不同的声音。比如，2003年的诺贝尔经济学奖得主保罗·克鲁格曼（Paul Krugman）。这位教授对东南亚经济奇迹嗤之以鼻，尤其把“四小虎”统称为“纸老虎”。1994年克鲁格曼在《外交事务》（*Foreign Affairs*）上发表题为《亚洲奇迹的迷思》（The Myth of Asia's Miracle）的文章，强烈指责东南亚，顺便批评前苏联的经济模式：“如果说苏联经济有某种特殊力量的话，那便是它动员资源的能力，而不是有效使用资源的能力。大家都知道，苏联20世纪60年代在效率上远远低于美国。其次，投入驱动型的经济增长本质上是个有限的过程”。

紧接着，克鲁格曼话锋一转，东南亚不知为什么成为靶子。他首先也提出了这样的疑问：“住宿在新加坡光彩照人的饭店的客人，决不会想到它和莫斯科那蟑螂充斥的宾馆房间有何相似之点。怎么可以将欣欣向荣的亚洲繁荣和苏联迈向工业化的严酷事实相提并论呢？”

是啊，克鲁格曼怎么自圆其说呢？

“亚洲新兴工业化国家像20世纪50年代的苏联一样，在很大程度上是通过惊人的资源动员来换取其快速增长的”。这位教授尤其对新加坡的经济神话“不感冒”：“这样的成就显然是一种经济奇迹。但是，这个奇迹形成的基础是体能的而非灵感；新加坡通过资源动员获得的增长会使斯大林感到荣幸”。

克鲁格曼还自封为先知，即使自己没有任何经济数字也能知道新加坡的奇迹无法再继续了，因为："新加坡的增长很大程度上基于一种不可重复的一次性行为变化"。得到统计数据之后，他再次语出惊人，令人吃惊的真相得以暴露："新加坡的所有增长都能由可计量的投入增长来解释，没有任何迹象表明它们的效率有所增长"。

同样是在这篇《亚洲奇迹的迷思》中，克鲁格曼对中国经济也给出了一个现在看来非常靠谱的预期："如果中国增长以较现实的7%进行，那它届时的GDP便有美国的82%。这仍将是世界经济重心的一次大转移"。

当然，克鲁格曼还有一个相当准确的预判，那就是1997年的东南亚金融危机！

东南亚人民在没有等到属于他们的21世纪，金融危机却不宣而至。

第二节 | 经济学理论很丰满

有时候富人最怕别人说他富有，反过来也一样。

克鲁格曼的文章发表后引来一片骂声，东南亚诸国的民族情绪瞬时被点燃，"莫非只有西方世界才有资格发展经济，我东南亚诸国只能安贫乐道？尤其是1994年之后，‘四小龙’‘四小虎’依旧龙精虎猛，一点也看不出疲态，您就预测我们经济增长要结束了？”

平心而论，克鲁格曼所言并非全无道理，东南亚诸国当时经济结构确实有很多不合理的地方。今天，让我们摆脱非理性，平心静气坐下来总结东南亚金融危机的教训，很多缺点确实一目了然。

最典型的当属泰国，所以索罗斯选定泰国为第一个攻击目标。那么，我们就以泰国为例，看一看东南亚究竟怎么了。

1985—1995年泰国年均经济增长率达到8.5%，当然，能实现如此高速的经济增长是有条件的，这10年间泰国投资年均增长率高达40%。

高投资、高增长，这种经济增长模式原本是后发达国家的必经之路，一无所有的时候无论劳动力、土地还是自然资源都很便宜，这些优势足以支撑本国发展外向型经济，实现经济腾飞。但是，这些优势无法持续，劳动密集型产业说难听点技术含量最低，有人就能干，是最容易模仿的。

对经济欠发达国家来说，一旦实现经济腾飞，接下来要赶紧趁着红利丰厚的时候实现产业转型。否则，周边国家很快就会模仿，劳动密集型产业不是什么秘籍，更不是不可替代的产业优势，一旦大家群起而学之，经济增长的动力将无法持续。

到了20世纪90年代中期，面对包括中国在内的一些周边国家的劳动密集型产业蓬勃兴起，泰国面临的竞争日益激烈。泰国并

非没有机会，它比其他国家早富起来几十年，如果趁着这几十年一心一意搞建设、聚精会神谋发展，高端产业都上去，从制造改为创造，那周边其他国家无法赶超。

跟丰满的经济学理论相比，现实还是很骨感的。

泰国偏偏未能把握住前面几十年的机会，产业结构未能升级，没有明确产业导向，没有解决国民经济的瓶颈……

这也就罢了，毕竟先富起来几十年，“家底儿”还是有的。但关键时刻，“家底儿”被败光了！

马克思曾经说过，资本如果有百分之百的利润就敢践踏人间一切法律。资本不但敢为利润冒高风险，在没有风险的时候资本还会自己给自己创造利润——大量资金被投向房地产、证券及服务等部门，而对研发、基础设施及创新等部门投入严重不足。1992—1996年的“七五”期间，全国研发预算只有2亿美元，仅占GDP的0.14%。

风起于青萍之末。1996年，在毫无征兆的情况下，泰国经济增长率降至6.7%。即使如此，泰国人们也不以为意，认为不过就是经济增长率降1～2个百分点而已。

实际情况是，这个时候泰国经济已经危若累卵了！

经济学的最基本假设是“资源稀缺”，即这个世界上的钱是有数的、钱是少的、钱是不好赚的。所以，**必须把资源配置到最有效率的位置，人们向来以为市场就是自动实现这个目标的最佳机制。**

未必如此，金融魔术可以形成资金自我循环，钱就很好赚。

在投资拉动型经济体制内，无论行政还是市场主导资源分配，最大的可能不是把资源集中到最有创新能力的部门，而是把资源集中到最有实力的部门、最容易赚钱的部门、最不需要技术升级的部门。因为自主创新虽然能创造巨大财富，但这是一个不断试错的过程，非常漫长，漫长到令人失去耐心。

无论哪一种情况，资源集中都会以一个形式表现出来——房地产！无论农业、工业、服务业，都将成为幌子，所有资本都会涌入房地产，所有行业都将围绕房地产做文章！

改善生活也就是改善最基本的生活条件，所谓衣、食、住、行，最能吸纳资本、最具备增值想象力的行业是房地产。

不仅仅泰国，整个东南亚国家当时大量资本涌入房地产。与之对应的是，科技投入和教育投入越来越少。危机前，东南亚诸国房地产资金主要来自银行贷款，银行的资金又来自金融市场拆借，泰国房地产行业贷款占到银行业资产总值的50%，其他国家也在30%左右。

一方面，盖房子盖得如火如荼，另一方面，房地产脱离了十年前买房就赚钱的老路，房价虽然未跌，整体空置率却高达20%。泰国的首都曼谷也是如此，1996年新建成的76万套住宅中就有30万套空置，既卖不出又租不出去。

泰国是典型的外向型经济，二十年的发展让经济有了很大起色，人们的生活水平有了很大提高。

生活水平高了，人们手里的钱多了。再说明白点就是工资高了，劳动力成本高了，外向型经济的发展路径难以为继。

劳动力成本上涨是所有发展中国家进步的必经历程。怎么可能想象“血汗工厂”里的工人跟硅谷里的IT精英竞争？要出口多少件衬衫才能换回一套完整的原装精密机床？劳动力成本提高说明工资高了，劳动力自我提升、下一代所受的教育都将随之提高，然后，有了高素质的劳动力，这个国家就有可能实现产业升级。

如果仅是劳动力成本提高，而劳动力素质却停留在原来水平呢？

未经过现代教育，人还是原来那波人，根本干不了高技术的活儿，这就成了泰国新兴市场致命的缺陷：没有发达国家的劳动生产率，却有一样高的劳动力成本，干不了活还拼命要高工资，怎么可能长久？

当时，80%以上的泰国劳动力实际达不到小学以上教育水平，做不了高技术的工作又要不断涨工资，那就只能是投资者产业转移了。

1996年曼谷的投资者已很难雇到合格的技术人员和管理人员，就连一般的工程师、技工和行政人员也一定要支付高薪。当时，泰国全国平均工资为1.41美元/小时，越南平均工资却低于0.5美元/小时。

其实，早在1995年，泰国的外贸出口出现了明显跌幅，进口却没有减少，在经常项目上出现了162亿美元的赤字，为当年全国GDP的8%。

如果把一个国比作一个家，就是说今年花超了，入不敷出，多花了162亿美元。通常情况下应该来年多干点、少花点、多存点，把亏空补上就行了。

泰国要遵循这个思路也可以，实际上它不是这样的。泰国政府发明了如一种兴奋剂般的方法：**放开对资本项目管制以吸引外资流入，以资本项下盈余弥补经常项下逆差。以过日子作比喻，今年花超了，明年咱借钱接着花，还是借高利贷……**

对一个国家来说，这么干倒不是不行，比如美国，常年借债不还，也没事儿。美国这么干，一是人家确实能借到钱，二是人家科技能力、教育水平实实在在领先全球，全世界都得上赶着买人家东西，就算常年借钱不还也没人问。

泰国借钱如果用于发展生产、提高出口能力也靠谱儿，大不了以后赚了钱还上就是。按照这个逻辑，泰国应该去借长期投资，毕竟借钱发展生产力不是一年半载的事儿。

但是，泰国依然没有抓住最后的机会，就像一个输急了眼的赌徒——**只要能借到钱，什么钱都敢借，借来就投房地产，再靠房地产增值归还贷款、赚取收益。可是吹得再美丽、再大的泡沫也总有破灭的一天。**

1997年6月危机爆发之前，泰国外债总额达到900亿美元，占GDP的50%以上。其中，400亿美元是短期外债（大家可以理解为高利贷，三个月内就得还钱）。

就在这个时候，以索罗斯为首的国际炒家已经觊觎这个猎物多时了！一旦展开攻击，必定是一场财富屠戮。

第三节 经济现实很骨感

1997年6—12月，东南亚危机被引爆。泰铢开始贬值，瞬间席卷了马来西亚、印度尼西亚、菲律宾等新兴国家经济体，“四小龙”“四小虎”开始了一场龙争虎斗，结果被打得抬不起头来。国际炒家用不到20天的时间就击溃了泰国央行。1997年7月2日，泰国政府宣布泰铢与美元脱钩，实行浮动汇率制度，当日泰铢狂跌20%，猛跌至1∶29。其实，跟英格兰银行比起来，泰国央行起码多抗了几天，没上来就举白旗。

国际炒家既然已经得手，就想席卷整个亚洲。

1998年1—7月，危机蔓延至中国台湾和中国香港，中国台湾不知出于何种原因基本未做抵抗就缴枪投降，宣布新台币贬值，进而引发了亚洲股市整体大幅下跌，包括新加坡、韩国、马来西亚，日本和中国香港，香港股市跌幅更是超过了25%。

好了，攻击香港的时机到了！只要拿下这个桥头堡，后面的事儿还不好办？

在进攻香港的同时，亚洲绝大多数国家都遭到了国际炒家的进攻，索罗斯对韩国发起了进攻，7—12月，韩元开始连续贬值。

在和索罗斯的交战中，东南亚多数国家可以说是丢盔弃甲，货币贬值幅度高达30%～50%，印尼盾更是贬值达70%以上。

汇率市场可不是股市，以万分之一为基点，哪怕日百分之一的涨跌幅也很离谱。这次金融危机中，很多国家和地区经济衰退至40年前的水平，造成的直接经济损失达7 000亿美元，是第一次世界大战经济损失的2倍以上。

弱肉强食，金融世界遵从着动物世界的丛林法则，最强者只攻击最弱者，这种做法往往屡试不爽。即使没有索罗斯去攻击你们的市场，你们的危机照样会发生。即使你们躲过了今天，强者终究还是会出现，出现得越晚，你们的损失就越惨重。索罗斯的到来就是让你们认清真相，尽早离开一个迷幻的世界。

东南亚金融危机，第一个猎杀目标非泰国莫属。据说索罗斯进攻东南亚的行动代号是“猎鹿”，如果这是真的，索罗斯的中国文化功底还挺深。

《唐语林·卷一·言语》有这样的语句：“自古帝王受命，为逐鹿之喻。一人得之，万夫敛手。岂有猎鹿之后，忿同猎之徒，问争肉之罪也！”

原文的意思是，我得手了、其他人便收手了。尽管索罗斯的代号不太可能来自《唐语林》，但我想索罗斯在说，此时的东南亚就像一头逃命的麋鹿，猎杀不过是举手之劳。

在发起进攻之前，索罗斯其实只有91亿美元。就是靠这91亿美元，索罗斯杀掉了东南亚“群鹿”，搞出来比第一次世界大战还大的动静。

一个不足百亿美元的基金如何敢于挑战一批新兴市场经济体，以一人战多地？虽然一只基金金额不大，但美资全部共同基

金加到一起就不是小数了。1996年美国类似的共同基金达35 000亿美元，养老和人寿保险基金金额在65 000亿美元以上，哪怕其中一部分集中投向某一方面都会产生很大影响。

跟人们想象的不一样，**全球外汇市场没有谁能占绝对优势，无论央行还是国际炒家都不是理所当然的“强庄”**，一旦操作失误，就有可能被对手湮灭，这也是外汇市场最具魅力的地方。所以，这里才是真正的金融市场交手战，市场的真谛永远如太极拳的“四两拨千斤”，也就是说，以微小的资金量挑动，最终让整个市场都认同你的方向，形成羊群效应。

混迹于外汇市场的一般是机构投资者，人们通常认为机构投资者相对理性。实际上并不尽然，机构投资者之所以理性是因为这是一群人，不是一个人，不容易受市场情绪感染，一旦大势已成，别说一群人，一个国家的人都逃不掉。

机构投资者里的交易员仍旧抹不掉人类的各种情绪：焦躁、贪婪、失望、颓废……所以，外汇市场也是最容易受情绪化波动的金融市场，任何细微的变化都能引发波澜壮阔的行情。一旦把整个市场引导向某个共识，全球投资者都会冲向同一个方向，到时候，任你有再多护盘资金也不可能挡住大浪滔天！

有索罗斯这些唯恐天下不乱的主儿，东南亚金融危机是早晚的事儿。索罗斯的操作手法虽然很精巧，关键的几步不过也就那么几条。

——1997年2月，国际炒家开始攻击，这是一次试探性攻击，并没有兴起风浪，泰国央行用20亿美金平息了。这个时候泰国央行意识到了国际炒家的异动，也在第一时间打压了闹事者。可惜，泰国央行还是对之后的事态没有充分地准备，最后疲于奔命，未能赢得泰铢保卫战。

——1997年3月，泰国首次出现挤兑风潮，几天内储户就从商业银行体系取出了近150亿泰铢（5.7亿美金），媒体甚至有报道说国际炒家从曼谷空运现金回美国。跟着，挤兑开始遍及全国，整个市场一片看空情绪。对外汇市场来说，本币挤兑其实没什么作用，毕竟外汇市场是电子交易，不可能用现金抛售。但是，挤兑可以在国民心中制造恐慌情绪，让全球一致看空泰国经济，为羊群效应做好准备。

——在一片悲观预期之下，1997年3月5日，泰铢跌至5年来最低点，全球国际炒家嗅到了杀机。金融市场就是战场，这是没有硝烟的战争，决战双方都必须等待最合适的契机。偏偏泰国央行受不了这份煎熬，4月9日下令泰铢兑美元比例中心值是1：26.08，为历年来最低值，向对手露出了怯阵之意。几乎就在同时，泰国股市、房市都跌倒了最低点。接着，泰国央行又急于寻找时机与对手决战，5月7日，时任财政部长的林日光（Amnuay Viravan）宣布泰国无法维持平衡预算，这等于说泰国央行宣布与索罗斯决战，此后，泰国央行将面临泰铢和股票的疯狂抛售。当时，泰国央行有380亿美元储备，理论上有很大的可能打赢这场战争。

——狭路相逢勇者胜，两军对垒先要有亮剑精神，偏偏急于求战的泰国央行再次露怯了。5月14日泰国央行开始实行资本管

制，大幅提高离岸本币市场隔夜拆借利率，隔夜拆借利率暴涨到了1 000%。同时，央行警告国内银行不得拆借短期本币资金给海外机构，否则将面临巨额罚单。这些措施确实遏制了索罗斯远期做空泰铢，离岸泰铢市场汇率甚至上涨到了4个月以来的最高水平。但是，这些举措反而是泰铢保卫战中的一大败笔，极有可额能被市场理解为心虚，不敢明刀明枪与索罗斯亮剑。

——果然，5月下旬，泰铢汇率生死线频频被索罗斯挑战，央行频频出手但是再也无济于事。6月19日，泰国财政部长林日光辞职，并于7月2日宣布弃守固定汇率，泰铢保卫战失败。

《左传·哀公十一年》记载了这样一段话“越在我，心腹之患也。……盈必毁，天之道也”，大概意思是说越国是吴国的心腹之患，等它羽翼丰满，就会毁灭我们，这是天道。

“心腹之疾”“盈必毁”，这句话是东南亚金融危机成因的真实写照：信用过度扩张造成泡沫，泡沫就是经济体中的“心腹之疾”，一旦泡沫足够大就会“盈必毁”。国际炒家的做法是把经济运行中最脆弱的部分暴露在公众视野之下，引发金融市场的恐慌性心理，令人对经济彻底失去信心。市场一旦失去信心就会造成大量资本外逃，这时候央行就算有通天彻地之能也无济于事。

东南亚诸国经济结构有很多类似之处，泰铢保卫战中新加坡、印度尼西亚、马来西亚均曾协同作战。

泰国既已败亡，唇亡齿寒，其他诸国也就很难保全。估计这原本是索罗斯和国际炒家算计好的，既然出手就一批！

第二个被送上“断头台”的是印度尼西亚，在泰铢上大获全胜并获利颇丰的国际炒家转而狙击印尼盾。

印度尼西亚银行体系内的不良贷款偏高，情况比泰国更糟糕。这样的经济体更容易被攻击，泰铢刚失守，1997年7月25日，印尼盾便跌至2 613，而在8月22日，不到一个月的时间又跌至3 045，大举突破3 000心理大关。当日，印度尼西亚的股市大跌，短短一个月，70%以上的股票跌幅超过了50%。

印度尼西亚已然成为东南亚金融危机旋涡的中心，面对的是有史以来最严重的经济衰退。

谁都没有想到马来西亚也被卷入这场危机，马来西亚也借助外资流入保持高速经济增长，但是，马来西亚对民营企业向外借款进行了严厉的限制，与100万以上林吉特等值的外币借款需要向中央银行报告；中央银行方面，只批准有外汇收入企业的借款。

理论上讲，外币借款均有外汇收入对应，即使本国货币贬值，也不会导致债务危机。但是，马来西亚政府过于大意，在四面楚歌的时候还对自己建立的防火墙特别有信心，所谓的防御措施居然类似于IMF提出的银根紧缩政策和财政支出紧缩。

IMF的救援措施是针对危机国家的，马来西亚还没发生危机就这么做，跟武侠小说里的自废武功似的，最后也好不到哪里去。

1997年9月，马来西亚削减2%的联邦政府支出；10月中央银

行开始控制银行对企业贷款，规定年底贷款余额增长率控制在15%以下。这个政策原本没什么问题，问题是11月马来西亚银行贷款增长已达到38%～40%，在余下一个多月内把贷款规模压到15%，那就是自找苦吃了。

在所有经济腾飞的国家中，企业肯定会借助贷款迅速扩大生产、扩张市场，骤然停贷会导致国内生产急剧萎缩。

1998年1月，马来西亚林吉特汇率稳定走势迅速被打破，马来西亚央行对此视而不见，继续维持高利率。终于在全球范围内导致外国投资者撤回投资、抛售林吉特。1998年4月开始，美元/林吉特汇率进入加速下跌时期，紧缩政策终于把马来西亚带入了金融危机。

第3章

金融降头术

不战而屈人之兵，善之善者也。

攻其无备，出其不意。

——《孙子兵法》

1997年索罗斯连续攻陷泰国、马来西亚、新加坡、印度尼西亚等东南亚诸国，运用的战术非常类似于传说中的“降头术”。其哲学思想是个体联系整体，局部影响全局。1997年一场大战使泰国成了被下“降”的“头”，接着索罗斯就想把胜利扩展到整个东亚，桥头堡便是东方之珠——香港。

回忆一下那场惊心动魄的金融保卫战，我们就会知道金融“降头术”从未远离，仍旧时刻威胁着这个世界。前车之辙、后车覆之，洞悉前路的陷阱，必须知道来者如何可追，让我们来看一看世纪之交金融市场那些惊心动魄的杀伐决断。

第一节 三栖战术原理

一鼓作气，再而衰，三而竭。战争中胜利一方会士气高昂，原本很多不可拿下的城池都很容易被攻陷。相反，如果一方士气衰竭，即使必胜的战争都有可能失利。金融战争更是如此，大战前造势就显得尤为重要。

此时，索罗斯一人战数国，击溃东南亚诸央行，声誉如日中天。以如此声誉，何敌不克？

索罗斯不可能浪费这种声誉。东南亚得手之后，他立即将目标转移到中国香港，而且放出了绝招——**股市、期市、汇市三栖立体战术**。股、期、汇三栖战术堪称经典，颇有中华武术绝学太极拳的风范，三路出击令敌首尾难顾。

但是，索罗斯无论如何也想不到，量子基金不败的神话永远停在了香港。

要想看懂世纪香港金融保卫战，必须懂得三栖战术的基本原理。说起来也很简单，攻击者在汇市、期市、股市同时发动攻击，让被进攻者顾此失彼。

三栖战术，攻击者可以任意选择股、期、汇三个攻击目标，一方面失利并不影响全局。对防守者来说，必须股、期、汇三栖应对，三个市场任何一个环节都不能有丝毫闪失，只要一个环节被攻破，就会满盘皆输。这是一个“连环套”，即使央行，力量也是有限的，救股市、期市，难救汇市；救汇市又难以顾及股市和期市。保护股市、期市就要维持国内流动性充足，难保汇市；力保汇市又必须维持高利率，就会打压股市、期市。

挟击溃东南亚诸国央行之威，索罗斯欲一举拿下香港。在进

攻香港的过程中，索罗斯同时在汇市、期市、股市三市发动了进攻，使用了“三栖立体战术”的绝招。1997年10月、1998年1月、1998年6月和1998年8月，索罗斯率领国际炒家先后四次进攻港币汇率、港股和恒生指数期货。

现在看来，**索罗斯先在股市、汇市上大盘口吃进筹码，促使股价和汇率上升，同时大量放空股指期货和外汇远期，再靠前期吃进的股票和本币抛售打压，导致股价和汇率大跌，在股指期货和外汇远期上赚取利润。**

为什么索罗斯会盯上香港？

香港是亚洲乃至世界的金融中心，各种金融衍生工具操作方便。其实最根本的一条就是香港资本充裕，索罗斯如果赌赢了，就能在东南亚金融危机后再大赚一票！

索罗斯认为，香港跟东南亚一样，经济运行也有着致命的弱点——联系汇率制（currency board）。所谓“联系汇率制”就是将港币与美元保持固定汇率，严格按照1：7.8的比率兑换，中国香港等发钞行有了1美元准备金才可以发行7.8元港币，说白了就是固定汇率。

联系汇率制下，等于承诺港币与美元可以自由兑换，兑换比率为1：7.8，而且有绝对保证。这个制度一旦被打破，汇率就会失去控制，人们就会自愿争相把港币兑换成美元，银行就会倒闭、港币就会被废弃、整个金融系统就会瘫痪、香港经济系统就会崩溃……

为了争夺这条生死线，双方各出奇招，在接近一年的战斗中，几次变换阵形，甚至临战改变阵法。对手三路攻击、香港特区政府三路回击，精彩纷呈的故事令人目不暇接，**堪称世界上最经典的一次金融护盘战，场面之恢宏绝不逊于任何一部一流的好莱坞大片。**

第二节 攻伐

不战而屈人之兵，这样可以使成本最小化，如果唬住对方，这就算成功了。

在金融市场上，这个道理是一样的。实力、底牌这些东西只有自己才知道，本来没啥钱，也一样能唬住对方。其实，在金融市场只要装作厉害就足以唬住对方，真的可能不动一兵一卒就令对手缴枪。

从心理学上讲，当一个人面临陌生的环境或者身处极大的不确定性中，大部分人先不会理性思考该怎么办，而是选择观察周围的人在干什么。集体总是给人以安全感，一定是别人怎么干、自己就怎么干——到时候就算遭殃也是一堆人遭殃。这种从众心理与经济学上的个人理性无关，面对危机不可能有理性，而是一定会恐慌，也就一定会选择从众。无论他如何思考自身行为，周遭群众的集体选择最后一定会战胜他的任何理性。

在大家都非理性的时候，会出来一个既有威望又镇定的人。毕竟每个人心底都有恐惧，哪怕是让你暂时脱离恐惧，也值得遵从。这样的人往往就能决定全局胜负，在这个时候振臂一呼，所有人都会望风景从，本来回天无力，现在人多力量大，事态可能就会出现转机。

用羊群效应来解释，在一个金融市场中，大部分投资者都像是“待宰羔羊”。让一群软弱无能的羊害怕，您大可不必真的动刀动枪，学学狼嚎就可以。在金融市场上，只要会“忽悠”，不用学狼嚎就能轻而易举地形成羊群效应。

制造金融危机，必须造谣生事。

有时候人也是挺有趣的生物，越大的谣言就越表现出可怕，越害怕就越能凸显出谣言的真实。在人性之中，厌恶损失要远胜于爱好盈利，尤其是面对深不可测的损失。巨大损失的可能性一定是宁可信其有、不可信其无，因为无法抵抗。

只要能讲出足够大的“故事”，“故事”里隐藏着足够大的风险、足够大的危机，就一定能让绝大多数人产生一致的预期，从而按照始作俑者希望的方向进行操作。

每一个人都会迷信所谓的权威，而事实上是权威的真假并不重要。索罗斯最大的优势正好在于他恰恰是汇率市场上的权威，此时，又正值他击溃了东南亚诸国央行，是“以一人敌数国”的金融枭雄！对这个权威来说，整个东南亚国家的央行都是“一碟小菜”，这样的金融“巨鳄”当然不会把一个小小的香港地区放在眼里。

不管他是否真的要做空香港市场，只要放出风来说要这么做，香港市场立刻就会作出同向的反应。何况，索罗斯已经开始编制“大网”，他一边在新加坡放出风说自己要做空香港，一边在上海散布小道消息，大肆渲染人民币即将贬值、人民币即将执行最严厉的外汇管制、黑市人民币汇价将直逼9元大关；与此同时，索罗斯时不时在海外市场做空港币，打压离岸市场汇率，用实际行动告诉全世界他不仅是说说而已。

当时索罗斯的江湖地位正是如日中天，几乎到了“佛挡杀佛、人挡杀人”的地步，他如果真要动手攻击香港，整个市场都会听他的，赢面很大。

更可怕的是，香港经济并非无懈可击。

20世纪80年代以来，香港的通胀率明显高于主要工业化国家水平，但是，香港始终坚持联系汇率制。香港居民对此早有警觉，在90年代之后他们将港币换成英镑存到瑞士、加拿大、澳洲的倾向非常普遍。更离谱的是，1997年的楼市距离最高点已经下跌了一半，香港人的财富极度缩减，面对外部攻击并没有太强的抵抗力。

在金融市场中，越是相似的市场越会有相同的命运，就像泰国、新加坡、印度尼西亚、马来西亚等东南亚诸国。

要想拿下中国香港，最相似的类比当属中国台湾无疑。

1997年10月索罗斯进攻中国台湾，至今仍不知道缘由，同样属于中国的台湾地区连个样子都没做就直接向索罗斯举起了白旗，17—22日新台币贬值3.3%，创下10年来新低。此后，短短数日内新台币贬值10%，一切都预示着攻击中国香港市场的时机已

经成熟了！

就在此时，索罗斯果断抓住战机，发动了第一波攻击！**军事战争中有佯攻，金融战争也一样，索罗斯这次是试探性攻击，行话称为“试盘”。**

攻其无备，出其不意，则事半功倍！

10月22日晚，伦敦离岸市场突然出现了一单价值30亿美元的港元卖盘，港币瞬间狂跌至1：8.44的位置，这实际上已经砸穿了联系汇率制。好在这笔巨量卖盘是出现在海外离岸市场，不是香港本土市场，因为有本土资金前往伦敦市场套利，这笔巨单很快就撤掉了。这是市场中所谓的“码盘”或者“虚盘”，也就是说先摆出一副决战的架势，如果对方不还手了就直接收获胜利，如果对方还手则立刻撤掉报单，保存实力。

在伦敦市场试盘不是为了真的一下打破联系汇率制，这只是虚张声势，目标是向全球所有炒家释放狂砸港元汇率的信号。10月23日上午，大量国际炒家集结，开始一致做空港币，香港根本守不住1：7.75的警戒线，一度被砸到了1：7.80的生死线。

一旦本土市场1：7.80的生死线被击穿，联系汇率制就算被打破了。这是大陆和香港特区政府绝对不能忍受的事儿，即使付出一切代价也要保卫香港！

这一次，国际炒家在香港市场使用了三栖立体战术，在猛攻联系汇率制的同时打压香港股市，恒生指数期货和联系汇率制中只要有一个被打破，国际炒家都会有巨额盈利。

中国大陆股民平时指数跌个一两百点就认为是“股灾”，看看香港从1997年10月20日恒生指数出现异动开始，到10月23日，4天的时间里整整下跌了3 200点，其中，仅10月23日国际炒家正式动手当天就跌掉了1 211点，一天之内狂泻1 000多点，整天叫嚣“股灾”的人可以想一想，这是多么血腥的场面？

所以说，金融市场，一切皆有可能！

如果单纯以点数计算，1997年10月23日香港恒生指数创下了有始以来全球股指最大单日跌幅的记录，远远超过了之前的1929年大危机，更不用说2008年的全球金融海啸。没有最狠，只有更狠；没有最多，只有更多。10月28日，恒生指数单日再次暴跌1 438点，刷新了自己创造的世界纪录！短短几天内，港股从16 800点的高位跌到9 000点，2万亿港元的总市值凭空蒸发！

这只是冰山一角，在这短短几天内香港楼市开始异动，狂跌20%。如果这种情况哪怕再继续两三天，所有以港元计价的资产都会夺路而逃，所有投资者都会争相把手中的资产换成美元，羊群效应一旦成功，结果必定是自相践踏，联系汇率制必破。

现在判定1997年10月国际炒家的动作是试盘，那是因为香港特区政府挡住了第一波攻击。当时没有人认为那是试盘，只知道是一次实实在在的饱和式攻击，“东方之珠”危在旦夕，弹指一挥间就要成为东南亚金融危机中的下一个牺牲品！

面对索罗斯的进攻，10月23日，香港特区政府在遭到攻击的第一时间果断出手救市。很遗憾，迄今为止还没有最权威的官方数据公布救市动用了多少资金，我们只能简单描述香港特区政府的手法与战术。

国际炒家的目标是打破联系汇率制，所以，香港特区政府把主战场放在了汇市，外汇基金在接盘港元的同时抛售美元。我们说过，对于金融战，国际炒家最重要的就是获得低价本币，否则就等于没有子弹。

战端伊始，香港特区政府首先收紧银根，立即调控银行间市场，警告各家金融机构不得超额借出港币，否则严惩不贷！市场传闻，某家银行因为拆借资金被征收高达1 000厘罚息！

此令一出，所有曾经借钱给国际炒家的银行都面临窘境，被迫拆借港元补回敞口，当时隔夜拆借利率被爆炒到300厘的水平，这在世界金融史上绝对是一个绝无仅有的高利率。

外汇市场稍显稳定，10月23日午尾盘，香港土地基金高调入市，在恒生指数上大手笔吸纳指标股。为了达到震撼的效果，土地基金选择了最大的证券营业部，每一单都是巨量，出场自带特效，以展示香港特区政府的救市决心。

在金融市场救市怎么做很重要，如何造势更重要。谁能把声势造到最大，谁就能赢得最后的胜利！

现在看来，当时香港特区政府的护盘行为就是为了实现这个目标。

尾盘入市虽然不一定能把当日恒生指数救回来，却一定能昭示香港特区政府的决心，给市场注入信心。收盘后，长江实业、中信泰富等大盘股开始宣布回购本公司股票，虽然这些措施没能阻止资本市场进一步下跌，但是，主战场联系汇率制却稳稳站在了1∶7.5的历史高位，国际炒家试图快速打破联系汇率制的企图破灭。

第一次试盘香港特区政府大胜，但是，胜利的成本也是巨大的。股市暴跌、利率高企，资金成本令相当一部分企业不堪重负、房价下挫，这也为1998年的世纪金融大决战埋下了伏笔。

第三节　变阵

首次试盘之后，国际炒家在1998年1月和6月分两次在香港金融市场发动攻击，均被香港特区政府击退。

1998年8月，三战全败的国际炒家集结所有“弹药”，准备对香港金融市场发起最后的总攻。双方经过前几轮交手都了解了对手，也都做好了充分的准备，无论从资金量还是战术打法，战争显得愈发残酷。

1998年8月，香港联系汇率制保卫战，这场攻防战在国际金融史上堪称经典，但凡经历过那场大决战的人，无不记忆犹新。

现在看来，国际炒家的算盘如下：第一步，为了避免战时缺少弹药，它们在战斗前就囤积了大量港元；当然他们不会傻到向银行贷款，事实上也拿不到银行贷款，变通的方式是以各种名义发行债券，或者通过港元掉期合同，数量预计在300亿港币左右。第二步，通过借贷安排国际炒家囤积了大量恒生指数现货，也就是说买入了大量股票，用来打压恒生指数。第三步，选择一个时

点迅速抛空恒生指数，对股市砸盘，一旦成功，立刻补仓归还前期借出来的恒生现货。

1998年8月，香港风起云涌，但屋漏偏逢连夜雨，战前香港股市深跌50%，全市房价跌幅达到了40%～50%，进出口、转口贸易均下降2%～5%，就连来港游客也减少了20%，二季度GDP增速居然为–5%！香港正在经历一次真正意义上的经济衰退，就在这个时候，索罗斯和国际炒家再次不请自来，拉开了世纪末金融大决战的序幕……

关键时刻，美国不惜动用一切力量为国际炒家站台。1998年7月，美联储时任主席格林斯潘发表讲话，这位老先生的话向来模棱两可，他曾经亲口说过，“如果你认为自己猜到了我的意思，那么你一定错了。”

这一次却大相径庭，他清晰地表达了自己的意思：金融风暴将让中国经济陷入困顿，6月份中国外汇储备已经开始下降。

格林斯潘是选择性失明，他并没有说中国外汇储备除了这个月绝大部分都是呈上升趋势。在此背景之下国际炒家开始大肆鼓吹人民币即将贬值，为战争造谣生事。中国内地如果受到影响，皮之不存，毛将焉附，香港必将失败！

格林斯潘的余音犹在，7月31日，外围市场突然出现了港币卖空盘，总值高达10亿港元，这样的巨量，任何一家机构都不敢轻易接盘。

如果没有机构接盘，外围市场汇率会越来越低，砸破汇率生死线只是迟早的事情。就在这时，纽约市场这10亿港元卖盘愣是被人一口吃下，据传是香港金融管理局直接与国际炒家在海外对盘，阻止了这次试探性攻击。

8月3日，对手的攻击初见成效，摩根士丹利、霸菱、高盛等海外投行一致看空，当日恒生指数下挫450点，顷刻间跌破7 500点大关。要知道，每一个500点位置都是强支撑位，这个点位一旦被攻破，后面一定有更大的跌幅，人们只能期待香港特区政府死守7 000点。如果7 000点大关被攻破，后面的局势就真不好收拾了。

直到8月18日，香港特区政府都未能拿出有效的对策，一直处于被动挨打的局面。现在看来，香港特区政府是把力量留到了最后。8月19日，香港特区政府雷霆一击，当日恒生指数收复7 900点高位，单日反弹超过1 000点，这种大幅震荡绝对令所有人瞠目结舌！

还没来得休息，8月21日，国际炒家就纠集了一批外资投行（8家，全部是世界上顶级的金融机构）再次重创恒生指数。

动辄千点涨跌幅，是不是很令人目眩神迷？这只是决战前的“开胃小菜”。

在1998年的整个8月份，只有一天的恒生指数具备实质性意义，那就是8月28日。8月28日是香港恒生指数期货的结算日，只要这一天能把恒生指数稳定在高位，恒生指数期货就不会输！这一天是决战，必须阻止恒生指数跌破某一个点位。

前期双方攻伐不过是为决战做准备，减轻自己在决战当日的压力。如果恒生指数下跌，国际炒家就会轻易得手，不但会在恒生指数期货上获得巨额盈利，也会获得足够的港元继续攻击联系汇率制。

这是一场必须打赢的战争！但是幸运女神没有站在香港这边，市场根本不是香港特区政府想的样子——8月21日，俄罗斯股市狂跌，引发全球金融市场大动荡，欧美和日本股指都在狂跌，通常来讲，按照联动效应，港股也会出现跟随式暴跌。但是，港股在这个时候是不能暴跌的，否则香港特区政府仅凭后面几天时间很难把恒生指数拉回来。

在形势极为不利的情况下，香港特区政府高调入市，8月24日香港特区政府开始大举进军恒生市场，大手笔推高股票和股指期货，当日竟将恒生指数逆市推高，在全球金融市场中一枝独秀。

通常来说股市护盘首选拉动成份股，也就是长江实业、中信泰富、联合电信这样的股票，类似于国内的“两桶油”“四大行”，这样才能最大程度地拉动大盘指数。这一次，香港特区政府却没有这么做，转而把精力集中到了小盘股，而且操作手法非常凶悍，动辄拉上几倍！

为什么要这么做？

拉动大盘股实在太费资金，一元港币就是一颗子弹，每颗子弹都要发挥最大效用。而拉名不见经传的小盘股则省时省力，稍微注入点资金就是几倍涨幅。对普通投资者来说，获利是最大的理性，这个时候最优选择就是跟风，哪儿赚钱就往哪儿跑。买成份股、买小盘股，只要能赚钱，买什么还不都是一样？当时的情况所有人都知道香港特区政府在拉升小盘股，大家一起拉升那岂不是更加轻而易举？

剧烈的涨幅刺激了整个市场的情绪，赚钱效应、看多氛围一下就起来了！

现在看来上述策略是非常正确的，恒生指数连续几天稳稳地站在了7 800点以上。距离决战只有几天时间了，国际炒家想要反击，却根本不可能在小盘股上囤积子弹，小盘股那么多，很难预测香港特区政府会拉哪个。

这是护盘方的优势，其可以任意挑选子弹作为护盘力量，攻击一方却难以预料对手的策略。只不过一般没有人会选小盘股，通常认为这会费力不讨好。

就在国际炒家为8月28日决战准备的时候，香港特区政府已经悄悄使出了绝招——做空9月份股指期货！

对，您没有看错，是香港特区政府出手做空9月份股指期货。为什么香港特区政府要反手做空？

这里面有一个**移仓**的问题，如果不能在8月28日攻破联系汇率制，也不能在当天把恒生指数压下来，9月份股指期货就是国际炒家的退路。国际炒家可以立即把期货合约转移到9月份，也就是所谓的“移仓”。只要移仓成功，攻击就可以继续，香港特区政府就有输掉这场战争的可能。

现在，香港特区政府主动出手做低了9月份股指期货，使得国际炒家无法向远期移仓。斩断国际炒家的后路，就这一局，生死立判！

那一天，阴沉潮湿的香港天气给人们的心理平添了一丝阴影，香港财政司司长曾荫权之前在电视演讲中呼吁：“炒家所拿走的，不单是金钱，更是香港金融制度的稳定和600万人的信心。”

能让他们得逞吗？绝对不能！

当日，刚刚开盘双方攻防就进入了白热化，炒家全线压上，巨量狂抛汇丰银行和香港电讯，这两只股票在指数中权重占比非常高，看样子国际炒家要不惜一切代价拿下当日恒生指数期货。

在8月27日，港股成交额就突破了230亿元，成为港股有史以来最大单日成交额！决战，注定更为惨烈！

开市仅仅10分钟，成交额已经高达50亿港币，不仅如此，双方沽盘仍在继续扩大，上午收市的时候成交额突破了400亿港币，可见双方对抗之惨烈。上午收盘前港股收于7 829点，较周四仅下跌93点。

如果把股指稳在7 800点之上，单恒生期货一项，就相当于让国际炒家把数百亿港元丢入维多利亚港，而且连水花都看不着。所以，抛售几乎不计成本、遍及整个市场全部个股，所有的子弹都被打了出来。双方根本就没有什么明确的打法，一方硬抛、一方硬接，收盘的时候当日成交额高达790亿港元，单纯在汇丰一只股票上就出现了250亿元的成交额，最后数据显示交易时段平均每分钟交易3亿元！

香港特区政府毫不犹豫，硬生生接下了所有卖盘，恒生指数报收于7 829点。无疑，对双方来说这都是一场肉搏，香港特区政府最后险胜。

当晚，曾荫权立即宣布：“在打击国际炒家、保卫香港股市和货币的战斗中，香港特区政府已经获胜。”后来有人估计，香港特区政府在8月份的救市行动中投入了超过1 000亿港元，除几大蓝筹股公司外，还成为众多中小公司股东，持股比例接近整个市场市值的4%。

仅仅8月28日一天，国际炒家的损失就超过了60亿港元，1998年香港金融市场大决战，香港特区政府完胜！

第四节 功罪

1998年8月19—28日，香港特区政府连续与国际炒家在股市、期市、汇市“贴身肉搏”，终于在28日决战时将恒生指数成功拖起到7 829点，当天，港股成交量达到了790亿港元，创下了港股有史以来的最高成交量，也震惊了全球金融圈。

据媒体估计，此役索罗斯动用了约36亿美元，损失约20亿美元，成为其出道以来最大的败笔。

香港金融保卫战至今已经快20年了，在这廿载人们从未停止争论一个问题：这毕竟是一次非常规的特区政府行为，在自由的香港，**金融保卫战究竟是否值得？**

——诺贝尔经济学奖得主米尔顿·弗里德曼（Milton Friedman）说，香港特区政府入市是对自由经济体系的破坏；

——同样是诺贝尔经济学奖得主的约瑟夫·斯蒂格利茨（Joseph Stiglitz）却认为，市场同样存在失灵的情况，政府应该入市干预。

无疑，政府如何约束市场、“看得见的手”能否指挥“看不见的手”是理论界和实务界始终讨论的问题，有人说香港特区政

府的金融保卫战应该打，有人说香港特区政府这样做破坏了市场规则，各有各的说法、各有各的道理。

不知从什么时候起，下面这种观点居然成为所谓的“主流”。政府高调干预股市、期市，这意味着香港金融管理局不再谨遵货币发行局制度，虽然一时间挽救了香港经济，却会长期损害香港市场根基。香港向来以“自由港”著称，而香港特区政府直接介入市场与国际炒家对盘是特区政府干预经济运行的暴力行为。

但是别忘了，就算在号称经济最自由的美国，**金融市场也是不允许被人操纵的，法律中有一个罪名叫操纵市场罪！莫非美国的法律只是不能操纵本国市场，却可以操纵其他国家或者地区的金融市场？**

政府不应该介入微观经济运行是西方经济学的金科玉律，国家最神圣的契约中保护国民不受外敌侵犯、掠夺也是应有之义。香港特区政府不出手，难道要眼睁睁看着国际炒家在“东方之珠”肆虐，攻城略地般地截杀我们的财富？

香港特区政府不该出手救市，按照这个逻辑，东南亚诸国政府也不应该出手救市，但从来没有人指责东南亚诸国。

以索罗斯为首的国际炒家攻击范畴早就超出了单纯的经济范畴，汇率和货币制度是一国主的象征，它们要碰的恰恰就是我们的主权。主权不容侵犯！

香港特区政府财政司司长曾荫权的一席话道出了真谛：“**这是我一生最艰难的决定，但为了捍卫联系汇率，我们不得不如此。**”

中篇

汇市战法篇

第4章

汇市阿赖耶识

由摄藏诸法，一切种子识，故名阿赖耶，胜者我开示。

——《摄大乘论》

世界经济史是一部基于假象和谎言的连续剧。要获得财富，做法就是认清其假象，投入其中，然后在假象被公众认识之前退出游戏。

现在的你已经跌到谷底了，这样的感觉不是很棒吗？因为现在你只有一条路，那就是往上走。

——索罗斯

第一节 知是非知

一、出世显学

金融学原本是一门很深奥的学科，不知道什么时候从象牙塔里悄悄爬出来，成了一门显学。满世界都在卖金融书，上至货币政策、宏观调控，下至炒股、众筹、P2P，只要与金融相关，都成为畅销书。

对绝大部分人来说，幻想高于理性，大概也不需要什么理性，能速成、点石成金就行。所以，在市场上那些骗人的“金融一本通”“炒股秘籍”就大行其道。定价不菲仍然能让人们蜂拥而至，以为读了这些书就可以成为金融天才，就能比肩巴菲特、索罗斯，再给老板留下一张纸条：“世界这么大，我想去看看”。

你想多了！你需要的是魔法，不是金融。

要论收益率或回报率，世界上没有哪个行业能跟金融业比，金融中又以外汇市场为最。但是，风险与收益成正比。风险大了就容易导致金融危机。远的看看1985年墨西哥比索危机、1997年东南亚金融危机，近的就像2008年以来的全球金融海啸。

然而，金融可用一本书诠释吗？

我给出的答案有点像“道”，金融确实是一门出世显学，能不能自悟，全看读者的本心，跟你看什么书完全没有关系。

外汇市场是最看重技术分析的地方，即使在外汇市场，所谓的K线、形态也被认为是“巫术”。外汇市场是投资者上百万、上千万、上亿次博弈的结果，最后形成的汇率是不可更迭的“天道”。即使索罗斯这样的金融大鳄也只能顺势而为，绝无可能逆天而行。

那么，为什么还有这么多人在追捧金融学，试图找到“窥天秘籍”呢？

也许是人类不喜欢未知的世界，总希望能找到一种力量来引导自己走向成功吧。恰巧金融学理论就是这样一种很玄妙的东西。

要真正理解汇率，不可人云亦云。读万卷书、行万里路，汇市修心，不一定非要在外汇市场。十年交易可以增加很多实战经验，却不可能培养一个具备决策能力的主交易员。顶级交易员心性升华需要自悟，只要不被妄念所迷惑，在纷繁嘈杂的市场里也能见性成佛。

也许市场上常说的“市场灵觉”就是佛偈所谓“阿赖耶

识”……

二、汇率可知

好了，让我们回到汇率的主题上来。

汇市玄而又玄，汇率当然也是这么一个情况。虽然每一刻汇率都会出现在电子屏幕上，抬头看一眼就知道了，可是，下一刻的汇率走向永远没有人能猜准。

不知是知，知也非知。

我们的教科书和网络搜索引擎不会这么解释，只会这样告诉你：汇率，英文名字是Exchange Rate，是一种货币兑换另一种货币的比率。由于世界各国（各地区）货币的名称不同，币值不统一，所以一种货币对其他国家（或地区）的货币要有一个兑换比率。

这样解释汇率当然是没有错误的，仅供本科生在期末考试的时候背诵。只要学院派延伸一下，看似非常简单的汇率就会极其复杂，复杂到成为一个专门的学科——国际金融。

DD模型、MM定理……一堆听着像网络用语的东西，打开一看却是复杂高深的数理模型，一眼望去，让人不知所云，这仅仅是基础理论。

经过无数的研究，大家在始终在诠释一个最基本的经济学道理：汇率有均衡位置，是可以预知的，也是可以计算出来的。按照这些说法，汇率并没有那么高深莫测，是一种可知的东西，按照理论算一算就可以了。目前主要的汇率理论包括：

购买力平价。购买力是最古老的汇率理论，道理简单而平实——一价定律，同样的东西在不同的地方售价应该是一样的。1单位A国货币在A国买多少东西，1单位B国货币在B国也会买到同样多的东西，物品数量价格的比值就是两国汇率。

1922年瑞典经济学家卡塞尔（Cassel）系统阐述了购买力平价，并区分了购买力平价绝对形式、相对形式。简单地说，绝对形式就是物价，相对形式就是物价涨幅。第一次世界大战结束后，许多国家的中央银行就以购买力平价为基础建立了汇率体系。

但是，一价定律在现实世界中不可能实现，交易尤其是跨国交易有很多壁垒：关税、贸易壁垒、运输成本和信息成本。最核心的是，购买力平价忽视了非贸易品，如果没有国际贸易，两国价格结构又不相同，那么物价水平推定一定会产生偏离。

相对购买力平价由此而生，所谓“相对”就是指通货膨胀率，即本国与外国通货膨胀率之差是两国货币汇率。

毋庸置疑，相对购买力平价也是有问题的，到底是物价变动导致汇率变动，还是汇率变动导致物价变动，或者二者相互螺旋影响？

这类似于鸡生蛋、蛋生鸡的争论，根本说不清楚。

利率平价。利率平价也是一种具有悠久历史的利率理论，购买力平价是比较两国物价，利率平价是比较两国的货币价格——利率，利率比价即为汇率。利率平价比购买力平价更具有说服力，毕竟两国货币都是货币，而利率则是货币的价格。

两国货币兑换比例，当然是货币价格最有效。

利率平价的创始人是当代经济学奠基人凯恩斯（Keynes），从经济学逻辑来讲，利率平价关系到国际资本短期流动，具备相当的合理性。但是，利率平价的弊端显而易见：利率有很多种，究竟哪一种最靠谱儿，没有一定之规。后来，现代经济学家在利率平价中加入了预期、套利等考察因素，一个较为普遍的观点是，利率比价决定远期汇率，并且受到套利者对即期汇率的预期的影响。

由于衍生品市场的出现，现代利率平价理论形成了许多新的观点，多与外汇市场有关。比如，远期汇率与即期汇率的差价是由不同金融中心的利差决定的，均衡汇率是由资金在各国之间流动形成的……

国际收支理论。国际收支可以决定汇率，这也是一种较早的汇率理论，20世纪30年代开始流行。大概意思是，一个国家如果出口大于进口，卖得多而买得少，汇率就会升值，反之亦然。这种观点最初被称为“弹性分析法”，后来人们认为“弹性分析法”只考虑商品市场，没有考虑金融市场，就在其中加入了资本流动：一个国家如果资本流入大于资本流出，进得多而出得少，汇率就会升值，反之亦然。

物价、利率、国际收支……在原始汇率理论中，无论哪一种都坚信一个理念，这种理念源自根深蒂固的经济学假设——均衡。汇率是一种价格，一定有确定的均衡位置，偏离只是暂时的，均衡将是永久的。

按照经济学规律，汇率可知，具有丰富的理论支撑。

按照实际情况，汇率可知，但所有外汇交易员又都摸不着头脑，究竟是怎么回事呢？

三、汇率不可知

20世纪70年代以来，当代汇率模型开始逐渐成熟，研究方法也从加减乘除转向当代计量手段。

运用这些复杂高深的数学方法，当代汇率理论得出了一个复杂高深的结论。一位叫米斯（Meese）的经济学家领衔，居然证明了一个结论：**汇率模型在浮动汇率条件下的解释能力非常地弱，看似很复杂的模型对汇率的预测能力跟随机游走差不多**。

要明白这个结论的重要性和离谱性，得先解释一下什么是随机游走。随机游走是物理学的概念，就是布朗运动，初中生都知道没人能预测出水里花粉的运动轨迹，没有人知道下一刻花粉要游向何方！米斯等人研究了半天得到一个结论：**汇率是一种不可知的东西，根本无法预测**！

但是，这似乎又是一个无可辩驳的结论。后来不知道有多少人想推翻这个结论，进而从各种侧面对其进行了反证，尤其是短线之上汇率不可知。这里要声明一下，以上结论是一系列全球顶级经济学家得出的。

汇率不就是货币价格吗，怎么突然就成了一种未知的东西？

在一个未知的世界里，如果没有某种理论指导，所有投资者都会觉得无所适从。所以，就算知道随机游走，也得继续研究，总得给汇率变动找到一点儿理由！

第一个被找到的理由是新闻。“新闻”就是所谓“消息”，指代那些不可能被人预料的消息，一旦有消息放出，汇率就会改变运动轨迹，才变得不再可知。你也可以这样理解，股票市场经常有消息，尤其是小道消息，不是汇率的模型无能，而是消息太多，影响了股价变动。

一批学者、专家以非常高深的手法创立了“新闻模型”，终于得到了满意的结论：当期汇率变化基本都可以用“新闻”解释，一旦出现某条新闻，其内容都会在当期和远期汇率市场反映出来。如果当期新闻没有发生，投资者心理一定会有阴影，所以，远期汇率总是和当期汇率预期背离，也就会出现有偏估计，所以，汇率市场整体上便体现出一种不可知性。同时，新闻不可预见，新闻本身是一个最大的随机游走，汇率表现出随机游走就不足为奇了。

事实真的是这样吗？当然不是！

新闻模型存在着两个致命的缺陷：完全忽略了投机因素，没有给出合理的理由；所谓“新闻”实在是太笼统了，上到总统遇刺，下到天价大虾，这样随机的理由当然可以解释随机的结果。

第二个被找到的理由是理性投机，这是新闻模型完全忽略的一个因素。金融市场确实是一个很神奇的地方，有时候没有任何先兆就会风云突变，宏观经济变量根本无法解释暴涨暴跌，于是，人们创造了“理性投机”。

“理性投机”说白了就是追涨杀跌，在涨势中唯一正确的操作就是追涨，否则，只有在最高点买入才是错的，反之亦然。金融市场中，稍有投资常识的人都会是理性投机者，于是，趋势一旦形成就会自我强化，涨幅之下会有更大的涨幅，跌幅之下会有更大的跌幅。

理性投机表达了一个金融市场最基本的思想：**一旦本期价格与均衡水平的距离产生了偏离，理性投机之下，市场投资者将会使得汇率进一步偏离均衡水平，而不是经济学中的假设回到均衡水平。**

理性投机者在玩“博傻”游戏，人们总是相信自己的投资方向是正确的，在汇率彻底翻转之前会有下一个“大傻瓜”为自己接盘。市场泡沫在理性投机之下暴涨暴跌，泡沫越大、时间持续越久，风险就越高，于是后期涨幅必须变得越来越快，否则难以偿付投机者风险。

很多人曾经认为理性投机是痴人说梦，世界上哪有那么多“大傻瓜”，不具备说服力。但是，20世纪80年代以后国际上发生了很多次汇率危机，理性投机具备相当的解释能力。尽管人们都在劝阻“博傻”者不要参与，事实上“博傻”才是正确的。

面对暴涨的股市，先买一手再说；面对暴涨的房市，先买一栋再说；哪怕暴涨的标的就是一张白纸，也得先买一张再说……

第三个被找到的理由是“比索问题”。让我们先追溯比索危机，所谓“比索危机”起源于1976年的墨西哥，在此之前墨西哥属于固定汇率。当时比索利率高于美元，根据利率平价，比索一直在升值。1976年8月31日，墨西哥政府突然宣布放弃固定汇率转而实行浮动汇率，于是，比索一下子贬值46%。

对墨西哥比索事件，人们进行了很长时间的研究，得到一个较为共性的结论。某一件事情，如果假定时间无限长则必然发生，人们已经预期到市场会因此发生较大变化。但是，在有限的时间内，黑天鹅事件发生的概率却变得很小，这样的小概率事件会破坏市场整体预期，使得市场产生整体性偏离，实际汇率运动方向就会和理论方向正好相反。

第四个被找到的理由是风险补贴。金融理论总是假设“风险—收益”配比，认为只要有足够的收益，人们就会去冒更大的风险，比如，如果有300%的利润，资本家就值得冒上绞刑架的风险。

风险补贴否定了“风险—收益”假设，认为**投资者对风险的厌恶远远强过对收益的偏好**，这两种不同程度的配比会使得市场偏离理论预测值，最后变得无法预测。如果金融市场的投资者普遍厌恶风险，随着时间的延长，不确定性会成级数增加，如此一来，远期汇率和未来实际汇率之间就出现巨大的差值，于是，市场就变得根本无法估计。

自从“创造”了“风险补贴”这样一个名词，很多人兴奋异常，认为终于找到了汇率市场不稳定的原因。实际上，风险补贴作为一种汇率理论，更像是一个被“创造”出来的心理学概念，早就超出了金融学范畴，究竟是否存在还不得而知，如何随着时间推移而变化就更不清楚了。

用统计学上的残差、胖尾等一系列指标去描述人的心理本来就是很可笑的事儿，但现在这些指标还要被用来解释现实金融市场的变化……

以上可都是顶级、前沿的汇率理论，每一个都有诺贝尔经济学奖得主一类的大腕站台。可是，大家觉得这些理论真的靠谱儿吗？

汇率变动或者说金融市场变动真的是人类可以预知的东西吗？

如果神可以被预知，那神还神吗？

第二节　非知是知

一、《易经》传人索罗斯

怎么汇市这么像股市啊？

同是金融市场，两者肯定有类似之处。但核心还是不一样，股市最厉害的是“老鼠仓”，也就赚几个亿的小钱；汇市大鳄只要出手就会挑战一国央行，动辄让一国财富在盱眙间化为乌有！当

然，两者毕竟都是金融市场，基本原理尤其是哲学思想都差不多，就像人类是动物进化的最高境界，仍跟单细胞生物一样都是由有机物组成。

任何一种真正依靠本领的行业都遵循一句古训：取法其上，可得其中；取法其中，仅得其下。既然取法其上，我们就要推出一流的国际炒家。

您猜对了，提到汇市风云，当然无法忽略一个人——曾经击溃英格兰银行、东南亚诸央行，在金融市场一度被认为是“神”一样的人——**乔治·索罗斯**。

投资手艺是一种无法言传身教的技能，就算索罗斯亲手教徒弟，手把手传授所有诀窍，投资技艺与思维仍旧无法传承。在瞬息万变的金融市场上，明着考验的是投资水平，实际在考验一个人的心智、胆识和魄力，不仅要知识，更重要的是履历与心理承受能力。

尽管学不到“金融炼金术”，但让我跟您说一说“神”的哲学，无论对投资还是为人处世都有莫大好处。

金融不可知，《易经》也不可知，我们用《易经》中的几个典故来描述索罗斯的投资风格，您看后一定会有这种感觉：索罗斯是不是从我们东方文明中偷学了《易经》，才有今天如此成就?

二、潜龙勿用

要看清一个人，首先要看他的履历，这就是为什么招聘第一关要做简历筛选。要明白一个人的投资风格，了解履历也是首要的功课，其思、其为、其行都是在成长中点点滴滴积累起来的。比如，一位曾经在战场上抡过大刀、看惯生死的将军，绝对不会为职位得不到晋升而生闷气。

我们先来看索罗斯其人。

1930年的布达佩斯是一个平静而美丽的城市，优雅的马加什大教堂、古老的链子桥、别致的咖啡馆……就在这样一个普通的年份，一个婴儿在这个城市出生了，今天这小家伙儿被世界称为“货币屠人”“金融海盗”“金融大鳄”……他就是后来的乔治·索罗斯。

然而，这位世界名人的幼年经历并不出彩，孩童的时候没有什么惊人事迹，也没有展现出超人的天赋，更不是一个神，他只是一个经历坎坷的普通人。

多瑙河美丽的风景并没有给索罗斯带来一个美好的童年，反而处处充满了噩梦。因为他出生后不久，德国纳粹侵略者来了。更可怕的是，索罗斯一家是纳粹侵略者恨之入骨的犹太人……1944年德国人的坦克开进了布达佩斯，在随后的三个月里开始了大屠杀。

索罗斯及其家人幸免于难，因为索罗斯的父亲是一位律师，他告诉自己的儿子：这次占领是非法的，**因而常规的做法不再适用，你必须忘记在正常社会中的行为方式……**

几句话当然救不了索罗斯的小命儿，纳粹侵略者也不会预知

这个9岁的小索罗斯将来会震惊世界，他们只知道这是一个小犹太人，处理方式应该是二选一：就地杀掉或者关到集中营里再杀掉。

小索罗斯能活下来全靠他父亲非正常行为的教育方式。由于是律师，小索罗斯的父亲在当地警署关系很好，通过各种途径弄了一批以假乱真的身份证，索罗斯成为了一个名为“雅诺什·基斯”（Janos Kis）的基督教徒。

索罗斯的父亲采取同样的方式救了很多犹太人。

在动荡的年代，父亲这种行为无疑是一个英雄，在小索罗斯的眼里就更是如此，面对生死危难始终淡定自若的父亲感染了他，也教会他一些人生的准则。成名后的索罗斯曾经承认，在很小的时候他就领悟到：**在极端艰险的情况下，可以去冒险，但是，决不能孤注一掷，这样才能生存。更为重要的是，小索罗斯开始认识到认知与现实之间原来是存在差距的。**

这事儿说起来容易，做起来挺难，原来对社会的认知必须全部颠覆，对一个在富足条件中成长的孩子，世界原本可爱无比，突然变得无比险恶与狰狞，如何能够适应？我们不知道索罗斯究竟度过了多少不眠之夜，也不知道这个幼小的心灵经受了怎样的洗练，只知道后来的结果：索罗斯在第二次世界大战结束后只身闯天下。

索罗斯先去了瑞典，然后转战伦敦，无论走到哪里，他都是一文不名的流浪汉。在伦敦他当过侍者、游泳池救生员、搬运工，还在一家农场当过工人，最惨的时候做过按天付费的摘苹果的活儿、按小时付费的油漆工也干过……

无论干什么，这个五光十色的都市看起来都与他无关，不要说成为金融大枭，能活下来就不错了。

后来索罗斯终于找到了一个方向——读书。19岁那年索罗斯终于考入了伦敦政治经济学院，在这座全世界著名的经济学殿堂中，**索罗斯学的居然是哲学**！

最尴尬的事情是索罗斯始终自称是大哲学家卡尔·波普尔（Karl Popper）的学生，波普尔却从来不承认这事儿："大概他只是在学校里听过我的课程吧"。自认师门被拒，让他啼笑皆非。

这是后话，索罗斯马上要解决的问题是，大学毕业后找一份工作，以免再度成为流浪汉。

命运似乎跟这位金融大鳄开了个玩笑，在金融中心伦敦，他并没有从事金融业，大学毕业后，他变成了一名手提袋的推销员，地点比较特殊，在北英格兰的度假胜地。在这里，索罗斯听说了一些故事，比如北美的钱容易赚、做投资能迅速致富、美国是一块处女地……

未来的金融大鳄怀揣梦想来到了纽约，结果，与在伦敦一样，纽约金融圈根本就不接纳这位曾经的手提袋推销员。到纽约后的一个月时间内，索罗斯几乎天天在各家银行、基金之间奔波，可就是没人肯聘用他。

如同今天的年轻人来到北京一样迷茫，在这个现代化的国际大都市，我们不知道索罗斯做过多少廉价的工作，比如搬运工、

洗碗工……

世界上没有谁天生是投资奇才，没有谁生下来就能够在金融市场中刚毅果断，金融奇才跟普通人的区别在于如何面对困境与损失。与幼年的看惯生死相比，金融市场的损失或者人生的一些不如意，有那么可怕吗？在一次次人生的磨砺中，相信一定有那么一个瞬间，索罗斯一定顿悟了某种道理，日复一日坚定这种信念，然后在这种信念的指导下走向了成功。

这种道理今天被世人称为“反身理论”。

所以，诸位漂在北京、上海的年轻人，不要灰心，只要你肯坚持，说不定前途也会跟我们的投资奇才索罗斯一样。

三、见龙在田

悟道之前的索罗斯还需要解决温饱，所以，还得继续在纽约当搬运工。

关键时刻，索罗斯在一位熟人的引荐下，靠着一份粉饰过的简历混入了一家名为F.M.马耶尔的金融公司。就是薪水让人心寒，据说与当搬运工的工资差不多，但公司认为，给这样一个人这样一份工资也就是照顾熟人面子，至于他干了什么反倒无所谓。

究竟是谁录用了索罗斯，随着时间的推移，他的姓名早就湮灭了，但是，就是这样一个决定缔造了一代金融传奇。

一旦进入金融圈，索罗斯马上就崭露头角。入职后，不甘寂寞的索罗斯向公司高层提交了一份报告，认为德国安联保险公司很有投资价值，因为这家公司前期曾购入大量地产，但公司股价尚未暴涨。

恰好F.M.马耶尔的公司高管看出了这份报告的价值，并按索罗斯的建议进行了操作，在一年内获利超过亿美元。

有时候找工作其实很简单，当你没有经验的时候根本没有人在意你，一旦你有了战绩，所有人都会向你伸出橄榄枝。这似乎是一个悖论：求职者说，不给我工作机会怎么能有工作经验？招聘者说，你没有工作经历，我怎么录用你？

索罗斯做成了第一单后，身价倍增。当时，霍德·布雷彻尔德的大老板亲自上门邀请索罗斯，这是一家经营欧洲证券的金融机构，而索罗斯多数的生活经历恰巧在欧洲，有着天然的优势。

初战告捷的索罗斯来到霍德·布雷彻尔德公司，第一年索罗斯就重新认真地研究了一番房地产，结论是：房地产已经兴旺了一段时间，马上就会有一种名为REIT的房地产信托投资产品大为流行。索罗斯绘声绘色地描述了市场从繁荣、过度发展并最终崩溃的整个过程。

在当时的市场看来，索罗斯描述的前景更类似于梦呓，偏偏霍德·布雷彻尔德的老板就相信了这个年轻的犹太人。于是，霍德·布雷彻尔德公司在市场尚未反应过来的时候大举吃进REIT，仅仅几个月之后REIT就掀起了一波牛市，因此，索罗斯升任公司研究部主管，至此他得到了在金融圈的第一个职务。

接着，索罗斯说服老板成立了老鹰基金和双鹰基金，并获准全权操作。

就在此时，索罗斯在公司遇到了从耶鲁大学毕业的吉姆·罗

杰斯（Jim Rogers），两人一拍即合成为拍档，结伴“裸辞”，怀着“世界好大，我想去看看”的梦想，成为“万众创业、大众创新”的一员。如今的二位金融枭雄创立了一个当年的小微企业、今天却声名显赫的量子基金管理公司（Quantum Fund），索罗斯亲自操刀投资决策，罗杰斯负责市场操作。

量子基金取意于物理学中量子的概念，在亚原子的世界里人们无法预测任何事件，所以，量子有“测不准”的特性。

所谓“测不准”是诸多金融学家和全球投资者都不愿意承认的现实——汇率不可知。“不可知”恰恰与索罗斯的投资理念相符，他认为市场就是测不准的量子，只有赌定出乎意料的事情才能赚大钱。

一个超级金融巨鳄终于诞生了！

绝大多数金融炒家都是“买涨不买跌”，毕竟绝大多数人的心理承受能力没那么强，很少有人能在跌势中获利。

长成巨鳄之后的索罗斯立即显示出了卓尔不群的本领，**索罗斯很少做多，最擅长做空**，他自己也承认这样做的时候有一种“邪恶的快乐”。所以，索罗斯后来被称为“投机家”“金融红客（黑客）”，因为做空者不可能是长线投资者，都是捞一把就跑的投机家。

索罗斯早期做空的经典案例是雅芳。

1978年的雅芳已经临近“百岁”，近百年积累使其现金流非常充足，处于发展鼎盛期的它正在全球大举扩张，没有人相信这样一只股票会走熊。就在这样的时刻，索罗斯敏锐地觉察到化工行业已经走入了萧条的路口，而且产油国局势动荡，只要一个小小的火花，雅芳就可能陷入不测之地。

1978年底，索罗斯斥资120万美元借入1万股雅芳公司股票卖出。

索罗斯赌对了！

就在索罗斯开始做空雅芳的同时，世界主要产油国伊朗开始了一场剧烈的社会动荡，伊朗宣布，从年底开始停止输出石油60天，世界石油供应立即紧张起来。禁运风波刚要平息，雅芳原本想喘口气，1980年9月22日伊拉克突然空袭伊朗，两伊战争爆发，两国石油完全停产。伊朗和伊拉克可是世界上最主要的产油国，仅仅伊拉克一国石油产量就占全世界产量的百分之十，加上伊朗的停产，全球市场上每天都有560万桶的石油缺口，石化行业立即集体进入了“寒冬”。

最糟糕的是欧佩克发生分裂，多数成员国主张提高油价，唯独沙特主张增产量平抑市场。世界变得一团糟，各产油国轮番提价，新的一次世界性的经济危机爆发。

石油危机把雅芳的股价打到了谷底，两年以后雅芳的股价跌得一塌糊涂，索罗斯就在这时以每股20美元的价格买入了1万股雅芳股份，然后把这1万股雅芳的股份归还给借方。请注意，索罗斯是以每股120美元卖出，又以20美元归还了借出方，中间卖空的差价是100美元，1万股总计盈利100万美元！

这就是所谓的做空盈利。

此时是1980年，正值量子基金成立10周年。10年中，索罗斯

领导的量子基金战绩辉煌，增长3 365%，远远超过标准普尔指数47%的增速，基金规模从最初的400万美元迅速膨胀至3.81亿美元，索罗斯在投资界名声大噪。

如果仅仅至此，索罗斯不过就是华尔街的一位优秀投资家，不可能与巴菲特齐名，但是，后来索罗斯的胆子实在是太大了，把手直接伸向了外汇市场……

四、亢龙有悔

1980年，索罗斯身价超过了1亿美元，终于跻身亿万富豪俱乐部。但是，1980年对索罗斯并不是一个幸运的年份。这一年，索罗斯被美国证监会（SEC）提起诉讼，指控他和量子基金操纵股票价格（这几乎是可以肯定的）。

SEC的诉讼可不好对付，原本诉讼应该是谁主张、谁举证，到了SEC这里却变成了辩方举证。索罗斯不堪其扰，迅速向SEC认罪并缴纳了100万美元的罚款。

合作伙伴罗杰斯质问索罗斯为何不经他同意就签字：我的名誉比100万美元值钱很多。索罗斯答复：那是你，不是我。

随后，一系列厄运向这位华尔街新秀袭来：与创业搭档罗杰斯分道扬镳，与原配妻子离婚，在美国公债市场上惨败，量子基金利润急降22.9%，并出现了赎回狂潮，损失了约2亿美元。

《周易·乾》上说“上九，亢龙，有悔”，意思是身居高位的人要戒骄戒躁，否则，一定会失败后悔。这句话形容当时的索罗斯再合适不过，痛定思痛，这位金融奇人很快就东山再起。

第三节 相信虚妄

金融理论流派众多，莫衷一是。在纷繁的理论和著作中，索罗斯的投机理论独树一帜、特点鲜明，与当代金融学大唱反调，始终坚持一个最基本的观点：**金融市场不可知、不可测度，市场总是错的**。既然市场总是错的，那他的任务就是发现错误，并从中大赚特赚。

一、知行不合一

思维和存在是哲学永恒的主题，虽然永远不会有所有人都接受的答案，却是所有哲学的起点。索罗斯的金融理论从这个基础命题入手，他说："有些事件的发生完全独立于任何人的思维，社会事件就不同了，由于每个事件中都有思维参与者，所以思维与存在的关系变得更为复杂"。

有了高大上的哲学铺垫，索罗斯提出了对社会的认知：**社会不可知、行为不可知，市场更是不可知！**

金融市场是市场主导人类思维，而不是人类思维主导市场，参与者对市场的认识将永远是片面和曲解的。市场从来都是扭曲的，扭曲又会进一步影响市场，进而决定价格，成为市场的决定性因素。

市场居然取决于错误？没错，索罗斯就是这么认为的。

在市场中，投资者行为会变成彻头彻尾的错误，与理论上的

均衡价格相悖。最明显的一个例子就是“路西法效应”，在一个错误的环境中原本单纯善良的天使会变为专以折磨人为乐的恶魔；金融市场也一样，原本理性的人一旦被流行的市场情绪感染，就会丧失理智。

至于市场为什么会这样，索罗斯的解释类似于佛家：诸相无相，万物皆空，唯其无、唯其空，方可包容万物。

人类心灵生来就是有缺陷的，所以，后天不论思维还是认识都是有缺陷的。人类缺陷无所不在，不仅在自然科学、社会科学体系，还在行为体系。今天的想法跟明天的想法不一致，想法与行动不一致，行动与目标不一致……总之，各种缺陷导致世界上任何一个环节都会不一致。

难怪明朝王阳明所创心学“知行合一”如此有名，原来知行合一是如此之难。所以，索罗斯认为知行合一是圣人所为，至于普通人一定会“知行不合一”，这才是金融市场混乱的源头。

知行不合一，现实中例子不胜枚举，也就是想的和做的不一定一样，口头答应还钱却永不兑现，炒股票每个人都想赚钱，真正实现目标的有几个，还不是你自己的行为导致亏损？

既然现实世界充满了错误，那么错误原本就是世界的一部分，错误观点也是客观现实的一部分。

如何应对错误的世界，索罗斯推论出了属于自己的哲学：反身理论。所谓“反身”大家也可以将之简单理解为反馈，适用人类思维或者有人类思维参与而形成的所有事情。

人类生存的客观事实决定思维，有了客观世界才有了主观世界；人类思维反过来又会改变甚至决定客观世界，从主观世界再到客观世界，这就是“反身”的循环。市场便是典型的“反身”案例，市场出现后人类才有了经济学，经济学出现后人类交易行为又在影响市场整体发展，最典型的是操纵市场。

但是，人毕竟是人，不是神，不可能知道每一件客观发生的事情，也不可能有足够的决策能力，所以，人类对市场的作用经常会出现不可知的结果，意图和行动之间会出现背离，参与者同样的行动也有完全不同的结果。

这种背离和偏差就是所谓“反身”的第一个层次。

反身是相互的，可以形成一个封闭的环形，又在这个“思维—现实”环形中自我强化：人对市场的看法影响市场，市场的变化又反作用于人的决策，强化对市场的判断，如此反身就会周而复始，生生不息。

于是，反身就有了第二轮、第三轮、第四轮、第五轮……

反身循环可能是好事，也可能是坏事。如果反身循环能够自我修正，市场参与者能够通过观察、学习使得认识向现实趋近，那么，便是一个良性反身。在外部条件给定的情况下，良性反身中市场参与者的认识可以不断趋近于现实，这原本是经济学理论认为应该发生的情况。

理性很丰满，现实很骨感，实际中见到的都是负面反身。

负面反身同样是一个不断自我强化的过程，尽管市场参与者的认知不客观，比如市价偏离价值，而投资者会认为市价将继续偏离价值，最终导致价值距离真实均衡点越来越远……负

面反身不会永久持续，当大多数市场参与者发现市场认知距离真实客观情况实在太远了，价格会出现突然修复，金融危机就产生了。

遗憾的是，反身的两个方向产生的修正力量并不对称。二者相比，良性反身产生的效益往往可以忽略不计，因为世界本来就应该是这样的，负面反身的破坏力却是绝对惊人的。

金融市场出现超级背离便是第二个层次的“反身”。

思维与现实的反身环形构成了市场，市场一切现象都可以在闭环中解释。至于当代经济学似乎就是建立在沙滩上的大厦，基本假设“理性人”和“边际平衡”有明显缺陷（“理性人”意思是说每一个人都会追求自己的利益最大化；“边际平衡”，简单说就是付出大于回报的事情没人做）。

在索罗斯眼里，与其说这是两条假设，不如说这是金融童话。金融学家和当代金融试图在童话的基础上建立了一套类似数学公理体系的理论大厦，将经济金融问题归结为在约束条件下求极值的问题。索罗斯对此从来都是嗤之以鼻，他这样批判道：人类对于其置身的这个世界的认识，与生俱来就是不完整的，思维与现实之间永远存在着扭曲，世界上也根本不可能有人掌握了终极真理。

掌握不了终极真理也就罢了，人们反而被一堆歪理邪说蛊惑，被内心的冲动影响，在金融市场中根本不可能真正做到物我两忘。既然如此，投资活动就一定会被市场本身干扰。**金融市场**

上出现的价格原本就是投资者的预期，是人们根据现有信息对金融资产的未来收益做出的判断。

由此，金融市场出多大的娄子都不奇怪。

公平地讲，索罗斯从哲学角度出发对金融学的批判一针见血，就是有点悲观。只要有人类，金融危机就无法避免——我们不可能完全排除直觉、错觉、希望、悲伤、愤怒、恐惧、贪婪这些人类的本性，危机将永远存在。

二、金融原罪

金融学之所以存在，根基就在于当代金融学创始人之一法玛（Fama）始终坚持一个观点：市场是有效的！

索罗斯认为，那些让人看不懂的金融学数字符号如同巫婆口中的咒语。市场从来都不是正确的，更不可能停留在某一个均衡的价格上，市场总是带有某种偏向，随着时间推移会不断强化自身走势，昨天、今天、明天，都是如此！

市场上有很多人，大家各怀鬼胎、各有打算，有人想做多、有人想做空，于是有买有卖，市场一直在成交、一直在延续。市场参与者的各种不同的观点多数可能相互冲销，大浪淘沙，剩下来的就是某种“主流偏差”，在“主流偏差”作用下价格便体现为上升或者下跌，成为一种可观察的现象。

紧接着，“主流偏差”将推动市场价格进一步发生变化，这与所谓的“价值发现”“价格均衡”毫无关系，纯粹是“主流偏

差”的自我强化。问题是，价格变化肯定会引导资金流向，往大里说是会引导资源配置，往小里说会影响资产价格。

随着“主流偏差”不断强化，市场就会表现出某种神奇之处，比如说能预见将来发生的事件，有人就认为“市场总是对的”。

不是这样的，市场总是错的！

人类认知能力一定存在误差，更不存在所谓“完全信息”，市场价格最后一定是诸多认知不完全，以不知怎样的方式合成而得。

在索罗斯描述的循环中，价格根本就是“主流偏差”的变化，说白了是一种社会心理现象，跟金融学所谓的某种“基础价值”“价值发现”风马牛不相及。恰恰相反，“主流偏差”还将缔造与真实价值毫不相关的“伪基础价值”，并引导这个“伪基础价值”不断变动，形成一套以市场自我波动为中心的内生机制。

从“市场总是正确的”到“市场总是错误的”，市场被索罗斯玩弄于股掌。原来，市场根本不是一个永远正确的“神”，而更像是一个魔，万千普通人灵魂错觉集合而成的一个魔。这也难怪，每一个人都不能保证自己理性，难道一群人在一起就必然保持理性了吗？不成魔反而出奇了。

我们必须敬畏市场，不是因为市场正确，而是因为市场错误！

团体即家庭，同志即手足，多一个人就多一份力量。在市场情绪方面，1+1永远不会等于2，市场一旦形成统一的情绪，就将控制所有的个体理性，任何一个市场参与者都必须服从市场，所以，市场决策能力是非常愚蠢的、冲动的和极端的，泡沫中的癫狂对经济造成的破坏力也是成倍放大的。

一旦市场情绪形成，只有在市场出现极端错误的时候才会从“未知”变为“已知”，恰恰是“已知”的市场才是非理性的极端，“已知”把每一个投资者都变为癫狂者。这也难怪，已经知道自己将要获利，谁又不会遵从“已知”呢？

市场的力量硬要把“未知”变为“已知”，迟早都将发展到非理性癫狂的极端——这是金融市场无法救赎的原罪！

所以，金融危机一次又一次地上演，南海泡沫中牛顿曾经慨叹：“我能计算天体运行的轨迹，却不能理解人类的疯狂”，次贷危机同样可以吞噬全球最健康的经济体。其中的逻辑都很简单，就是人类对市场“基础价值”产生了太多偏见，价格成为“主流偏差”驱动的奴隶。

既然个体认知缺陷的宿命是非理性癫狂，索罗斯就给自己赋予了一个使命——**认识“主流偏差”和“基础价值”之间的偏差，并及时纠正这种偏差，以免市场在错误的路上走得太远**。

于是，索罗斯最擅长做空，这个“坏孩子”喜欢刺破别人家的泡沫。

索罗斯自封“市场红客”，总是提醒受害人，不是我毁了你们的生活，我是把你们从一个虚幻的梦中唤醒，如果没有我，你们的梦也早晚会破灭，破灭越晚损失就越多。只要能刺破泡沫，索罗斯就能享受市场带来的最大利益，有多少人与他的认知产生

偏差，就有多少人为他贡献收益。

第四节 汇市攻与守

一、善攻者动于九天之上

在金融市场中，全世界最具攻击性的机构投资者非量子基金莫属，我们就以量子基金为例进行说明。

1. 解密量子基金运行手法。

量子基金属于对冲基金，也是对冲基金中最具攻击性、攻击性最强大的基金，其基础手法行话叫**“套戥”**。

所谓“套戥”说来也简单，先测算出某一国家经济周期应该处于的理性位置，再对比该国家在经济周期中的实际位置。如果二者出现巨大偏差，比如说理论上应该萧条现实却处于繁荣，那么，这个经济体会留下不平衡点和漏洞，这就是对冲基金的战机。一旦市场心理可能导致各种重大政治经济事件，对冲基金就会综合运用现货、期货、期权、调期、或然债券等各种金融工具，在商品市场、股市、债市和汇市等多个市场同时出击。

量子基金具有对冲基金的共同特征——不惜一切代价放大杠杆，只有放大资金杠杆才能获得十倍、几十倍的巨额资产控制权。在对冲基金面前，市场上的机构投资者和一般投资者根本不堪一击，唯一可以和它们对抗的只有中央银行，如果对冲基金可以在短时间内造成市场恐慌、引领市场情绪，那么，它就会成为市场主宰，即使中央银行也无能为力，一国的金融体制肯定会遭受惨重打击。

当然，能做到这些条件是很高的，必须对全球经济体做出深入细致的研究。这些宏观研究是要拿来真刀实枪作战的，必须一针见血地指出问题。一旦确定某个国家或地区宏观经济不稳、金融系统存在缺陷，尤其是资产价格已经进入可怕的泡沫期，立即“挥师杀入”！

通常来说，对冲基金的主要目标是自由化程度较高的市场，对资本管制比较严的国家和地区对冲基金没有兴趣，也不可能在不能来去自如的情形下发动攻势。

对冲基金的目标一定是外汇市场，正如我们所说，狙击外汇的目标一定是打破固定汇率制度。外汇市场以万点为单位，一旦固定汇率制被打破必须有十几、几十个百分点，放到外汇市场就是几千、几万个点位！

攻势一旦发动，双方会各出奇招，令人瞠目结舌的手段层出不穷，即使世界银行、IMF、美联储这样的威权也会出面为国际炒家摇旗呐喊，立体交叉式的进攻会铺天盖地袭来。被攻击的国家不可能束手就擒，必然试图捍卫本币，一场大战就会上演。

真正的市场断杀有一个不成文的规则：惜出杀招，出必封喉。

索罗斯出手也是这样，轻易不动用杠杆，一旦出手就必然是一招制敌。无论是1992年击垮英格兰银行还是1997年洗劫东南亚各国造成金融危机，都是在实力大于1∶10的悬殊情况下挑起战端，如果索罗斯的实力是1，那么对方中央银行的实力大于10。

如此实力都敢动手，用的就是非常规杠杆。

2. 惜出杀招，出必封喉。

大部分对冲基金认为，最重要的是所能控制的资金总盘子，一旦外部资金进入资金池，跟内部资金就没什么区别了。

索罗斯不这么认为，这条鳄鱼把一切分得很清楚，哪些钱是自己的、哪些钱是借来的，用自己的钱干什么、用借来的钱干什么，就像计划经济下的“专款专用”。从这一点上可以说索罗斯很保守，自有资金只用于投资股票，索罗斯对此的解释是“将绝大部分本金投资于流动性较差的股票，可以避免在被迫追加保证金时遭遇灭顶之灾”。

人们经常指责索罗斯以高杠杆扰乱金融市场秩序，索罗斯搅乱一国外汇市场，靠的主要是“忽悠”，即通过各种方式放风，影响投资者，在市场中形成恐慌情绪。至于杠杆倍数，虽然量子基金从未公开过自己使用多大的杠杆，但索罗斯在向美国参议院自陈中曾经提到量子基金的杠杆使用是循序渐进的，最初只有2~3倍，只在最后的时刻才突然放大，甚至会超过60倍。

如果有人预先放出巨大的杠杆，投资者、防守方或者监管者一定会有所警觉。索罗斯要做的是在潭水下隐藏，谁也不知道水下有一条潜伏已久的鳄鱼，这样，它就可以在风平浪静的时候突然暴起伤人。

索罗斯这样解释："基金在某一方向上的最大投资额取决于自我约束的限度——消极地遵守保证金规定是要惹麻烦的，因为你可能在最不愉快的情况下调整头寸，所以，超出保证金要求的保险是必不可少的"。也就是说，索罗斯轻易不会动用杠杆，只有在最后的时候才把杠杆用到极限。在1985年日元广场协议、1992年英镑阻击战中，索罗斯都用的这种投资部署，在最后一天突然放大杠杆，一天之内的盈利总额超过此前数年盈利总和。

道理每个人都知道，究竟如何看出破绽，又该如何选择出手时机？这就是大学问了。

要知道在金融市场上选择时机远比选择投资品重要，时机选对了，任何一种投资品都能赚钱，而且是成千上百倍地赚。对此，索罗斯的答案是："随波逐流的投资意味着和市场主流偏向采取同一性的立场，其收益性无法超越主流水平"。

可以这样理解这句话中蕴含的投资策略：所谓"主流""趋势"都是由公众"主流偏差"推动形成的，要想赚大钱，就得用尽一切办法翻转这种趋势，问题是，绝大多数人身在其中，根本看不穿所谓的"大趋势"。

梦里不知身是客，一晌贪欢。

索罗斯只有看穿市场中的错误才能"备感安心"，当绝大多数投资者被卷入"主流偏差"而不自知的时候，他已经准备出击了。

市场在绝望中重生，在犹豫中上行，在狂欢中死亡。

3. 借力打力，顺势而为。

如今的不少武打影视剧，最后出场的是太极高手，这种颇带道家气息的健身体操成了无数人印象中的绝招。

所谓用太极来武打也就是借力打力、顺势而为，在投资中也是不二法则，索罗斯正是其中的高手。

索罗斯认为，在市场疯狂的时候一定要顺势而为，带起一个又一个高潮，当市场势头将尽未尽之时突然反戈一击，阳极必阴、阴极必阳，如此，大事必成！

不到关键的节点，绝对不能逆势而为，即便知道市场是错的。

在对关键节点达成共识之前，非理性可能把市场带到很远的地方，试图通过个体理性来抗衡市场的群体非理性无疑是自杀行为。索罗斯承认自己“可以把握反转点”，但是，“只有到了转折点，我才会站到对立面去，鉴于反潮流已经成为普遍倾向，我就要做一个顽固的反反潮流者”。

至于如何“顺势而为”，最大的策略则是“自上而下”。“自上而下”倒是比较容易理解，如果是散户投资股票，首先考虑的是宏观经济、上市公司行业，在宏观经济上升的时候选择一个朝阳行业入市，大局确定之后才是具体选择哪只股票，哪几家上市公司具备价值投资因素。

如果你认为索罗斯也这么说，那就大错特错了。索罗斯专门捡着宏观经济环境差、行业下降期的股票投资，越是这样索罗斯就干得越兴高采烈！只有这样，才能抓住反转点，在股票下跌的过程中扩大盈利。

别忘了，他是个做空高手。

二、善守者藏于九地之下

何为“善守”？

答曰：风险控制，风险控制只有一个目标，关键时刻必须少赔点钱！上至索罗斯、巴菲特，下至普通股民，这是任何投资者都无法回避的问题。

我们都知道金融学上有一条定理：风险要与收益相互配比，高风险、高收益，低风险、低收益。

这似乎是亘古不变的真理，既然风险高就应该有高风险溢价。

但是，索罗斯认为在真实的金融市场中，风险和收益存在一定的配比关系，**只不过现实与经济学理论正好相反：高风险、低收益，高收益、低风险。想想也是，这其实是一个非常简单的道理，高风险损失必然是大的，怎么可能带来高收益？**

在欧美等成熟的股市中，这种观点也不是空穴来风，垃圾股的风险最高，但其收益肯定最低。

当代金融学以收益率方差定义风险，索罗斯以为这是非常愚蠢的事儿，因为金融市场收益率呈正态分布只是一个假设，而且现有金融市场已经否定了这种假设。

这就是索罗斯在金融市场上的风险观。

本来市场就不可知，既然涨幅和盈利不可控制，风险和亏损肯定同样不可控制。如果市场风险真的可以计量，那直接设计一个保险产品，保证投资者可以获益，为什么要花费精力去投机？

在索罗斯眼里，市场每一次下跌都是独一无二的，因为大跌十有八九源自偶然事件。对付这种事儿，市场参与者不可能靠固定的模型，否则只能像诺贝尔经济学奖得主罗伯特·默顿（Robert Merton）一样，自己的投资公司破产后才向世界哭诉：我们的模型没有错，是世界错了。

索罗斯对此的回复是：你就不该用模型去模拟人类思维，不可知的市场必须以不可测度的人类思维应对。

正常的投资者（包括机构和个人）认为小概率事件是最可怕的事情，风险控制对此无能为力。对索罗斯来说，小概率事件在一个较长时间跨度内必然会发生，这就是机会，一旦发生就意味着一次“历史性”机遇，大赚特赚的时代到来了，所谓“风险控制”就是绝对不能对小概率事件错失良机！

这也难怪，通常风险控制是为了回避暴跌带来的损失，在做空高手看来，市场暴跌才是机会的开始，他们寻找和等待的不过就是那场华丽的“银河落九天”而已。

至于回避金融风险的衍生品工具，索罗斯更是不屑一顾。

早在1994年他就对2008年全球金融海啸做出了预测。当年索罗斯在美国参议院就金融市场波动作证时谈到：**衍生工具把风险从个体转嫁到整个经济系统，随着衍生工具使用的普及，转嫁到体制上的风险也就越多，所以到了某一点市场就有停摆的风险，那时候就是全球性金融风险，是谁也不可能逃脱的灾难，包括我们这些做空者**。

既然市场不可知，他早晚也会出现错误，这个时候该怎么办呢？索罗斯的风险控制策略，完全可以用一句兵法来概括：**进攻，进攻就是最好的防守**！

作为一个做空高手，索罗斯的止损手段非常特别——锁仓，他从来不更改自己的仓位，而是习惯用反方向持仓对冲已有仓位——“**作为一般原则，我从不更动那些在至今仍然有效的观点所支持的头寸，而更倾向于在反方向建立新的观点指导下所建的头寸**”。

很难解释索罗斯为什么会这么做，单纯从经济角度看，这样做很不合算甚至根本没有意义，唯一的作用是增加管理成本，不如直接斩仓。

或许从心理学角度更容易说清楚，如果当前趋势变得模糊，锁仓唯一可能的目的是稳定自己的心理，赢得观察和思考的时间——毕竟最初建立的仓位没有动，这样个人思维依然存在连续的可能。

一旦市场渡过混乱期，要么延续原有趋势、要么建立新的趋势，这个时候市场趋势正处于增强阶段，不可能再出现翻转。这个时候索罗斯就会使出凶悍的绝招——瞬间放大杠杆，在最大可能上强化市场趋势，一举击溃对手！

在这一节最后，我们摘抄一些索罗斯常常挂在嘴上的投资名言，仅供您在投资时参考，也值得您闲来无事的时候深思。

第一，人类眼中的世界是扭曲的，尤其在金融市场。[①]人类是万物灵长，但是，人类只是一种生物而已，不是神。面对市场，人类弱点会无所遁形，原来我们还是极端情绪化的动物。无论多

[①] 黑体是索罗斯的原话，黑体之后是笔者的发挥。

么淡定的人，也无论多么渺小的利益，一旦涉及自己，就一定不可能正确认识。人们总是喜欢夸大对自己有利的证据，而忽略对自己不利的方向，最后一败涂地也就在所难免了。

第二，市价影响市场基本面，而不是基本面决定市价。一个趋势不断自我强化、又在强化中继续循环的市场，市价将进一步影响市场基本面，并且形成互动。基本面在某种程度上是市价的因变量，而不是自变量。

第三，懂得放手，接受自己的错误、接受现实。每一个进入金融市场的人都会遇到赔钱的时候，但是，账面亏损和实际亏损是两个完全不同的概念。大多数人无法接受实际亏损，却对同样的账面亏损坦然处之，以为总有一天可以追回来。殊不知一旦趋势形成就一定是一轮牛熊循环，不知多久才能度过。决不斩仓只有一个结果：浮盈变小亏，小亏变大亏，大亏变巨亏！

第四，忍受痛苦，克己自律。人生有一大善，就是克己，倒不是让大家忍受亏损、忍受贫困，而是一定不能被赚钱蒙蔽了智慧，一定要有必要的底线，什么事儿能做、什么事儿不能做。大到国法，小到家规，具体到金融市场上，设定好的纪律绝对不许违反，比如斩仓，在亏损线之上绝不许有任何犹豫。

第五，赌上全部家当的时候，一定要有避险动作。即使孤注一掷，也要想好退路。可能是因为翻译的原因，这句话很拗口，但道理应该是比较明确的：在市场上不能把事情做绝，不能把身家性命赌上，否则，就算是职业投资者也很难翻身。孤注一掷时，一定要想好保护措施。

第5章

央行之手

我善于识别海啸，但在平静的水面上却常感无能为力。

——索罗斯

第一节 汇市修心

一、油断一刻，误我一生

有一个佛家的小故事：一位苦行僧，终生不渝地守候一盏佛祖留下的油灯，几十年过去了，佛祖告诉他，马上就可以脱离轮回；苦行僧于是懈怠了，一刻疏忽导致油灯熄灭，因此被佛祖降罪，荒废了一生修行。

汇市是就是这个故事的现实翻版，投资者一生兢兢业业，但亿万盈亏始终定于须臾。市场中的机会从来都是在一个稍纵即逝的瞬间，交易员必须牢牢把握，抓住了就成功了，否则就被淘汰出局。

油断一刻，误我一生。

我曾经问过很多人第一次进入外汇市场的感觉。

——一个年轻的交易员告诉我：第一次真正走上交易台，感觉就像进入了“魔鬼的世界”，原来世界上真有这样的地方，在几秒钟内定人一生荣辱。如此，这里不是魔鬼审判世人的地狱，又是什么地方？

——一位年长的商人告诉我：第一次进入外汇市场是为了套期保值，可是看到外汇盘面的一瞬间，我就觉得战战兢兢；这哪里是套期保值，简直就是一场财富豪赌，一旦失手，半生“修行”尽费。

一念天堂，一念地狱。

——终于有一天，一位沉浸市场多年的投机家这样对我说：没有那么玄乎，外汇市场不过就是一个市场，跟水果、蔬菜市场一样，风险与收益同在，财富与损失并存；区别只在于这里规则很严苛，虚盘交易是金融市场的巅峰，衍生品带来的盈亏让人瞬间在天堂和地狱之间徘徊。

于是，我有了种顿悟。

外汇市场让人感觉玄而又玄，不过是因为在这里亏损和盈利过于巨大，足以让人眩晕。市场把人性中的贪婪与恐惧全部暴露，再用杠杆放大，把人变得更为极端、更为纯粹，成为一种纯粹的经济动物。

人类力量在生物中属于弱者，靠智力取胜，完全暴露内心是违反自我保护规律的。所以，没有人愿意看到人性的纯粹和极端。

但是，外汇市场只是市场，人性赋予了它生命。人性已在，你见，或者不见，它就在那里，不悲不喜；人心已在，你念，或

者不念，它就在那里，不来不去。

参透此市，从此，寂静、欢喜。

二、汇市苦行者

金融市场无非就那几种，货币市场、股票市场、期货市场、汇率市场……无论哪种分类方法，外汇市场都是金融市场中的最高形态。

对99%的普通人来说，外汇交易是一个见所未见、闻所未闻的黑箱，他们只知道以本币换外币或者外币换本币，究竟怎样在各货币种类间选择才能获益根本就不得而知。

可以这样理解，但凡以外币标价的资产交易均可以理解为“汇市”，如现钞、存款、本票、汇票、有价证券等。更多人这样理解，所谓“汇市”，就是把一种货币兑换成另外一种货币的市场。

汇市主要参与者如下：跨国商业银行、跨国公司、对冲基金、中央银行等。

1. 跨国商业银行。跨国商业银行都是大型商业银行，比如中国工商银行。银行参与外汇市场的目标一般是平衡自身资产负债，美元多了（行话“长头寸”）、欧元少了（行话“短头寸”）都不行。普通人手里几万、几十万美元或者人民币的盈亏最多就是穿仓。对商业银行来说长头寸、短头寸可不是小事，因为它们有万亿的资产，国际汇市风云变幻，一会儿涨、一会儿跌，又是带杠杆的虚盘交易，头寸无论长短都可能导致巨亏，极端的时候甚至让一家百年老店破产，诸如巴林银行。

银行从来都是最善于“算计”的机构，肯定不会吃这个亏，每日平盘轧差（可以理解为银行结账下班），留足备用金之后，无论长头寸、短头寸全部在市场上“甩包袱”，做即期或者远期抛补。

除了黑钱，世界上绝大多数资金都要经过银行运转，也就是说，世界上绝大多数钱会走银行的通道。**所以，银行间市场对汇率市场影响最大。要想防范国际炒家资本冲击，最重要的就是管好银行不出问题。**

2. 跨国公司。跨国公司既然跨国就会有不同国家的收入，比如美元、欧元、日元、澳元……其在全世界开设子公司或分公司，各国货币都有用，自然会留下敞口。比如想要英镑，偏偏就没赚到英镑，赚了很多美元，所以，跨国公司必然成为外汇市场的交易方之一。与银行每日轧差不同，跨国公司参与外汇市场大多是为了从事“套期保值”交易。

所谓套期保值，就是通过汇率市场回避汇率波动风险，保证自己赚的钱不至于贬值。有人会想汇率的波动不过万分之几、千分之几，还能贬值到哪里去？

汇率市场没有最狠，只有更狠，2016年1月17日，委内瑞拉就刷新了汇率贬值之最，一日内汇率贬值72%。

原来汇市如此动荡，当然不能让自己的财富贬值。于是，跨国公司无一例外都进入了汇市，寻找正在升值的货币，不但赚取商品收益还要赚取货币收益。在某些币种的交易中，跨国公司甚至会取代银行，成为交易主力，比如日元。

3. 对冲基金。就算不讲大家也知道，也就是所谓“外汇市

场投资基金”。

经历了1992年英镑风暴、1997年东南亚金融危机、1998年香港金融保卫战，很多人把对冲基金视为洪水猛兽，以为就是因为有它们，国际金融市场才成为财富的绞肉机。实际上，在它们的参与下，市场才变得异常活跃，目前任何一种货币的交易量都在万亿美元之上，单独一家机构甚至中央银行都很难左右。

投机者一半面孔是魔鬼，但另一半是天使，投机的另外一种解释是“投资于机会”。投机者从货币价格变动中赚取收益，如果没有投机者活跃市场，纯粹靠货币之间互相转换，外汇市场将从此沉寂，甚至丧失市场功能。

4. 中央银行。央行在外汇市场的影响力当然不能忽略，稍后会有一节专门提及。

三、市场之最

从改革开放起，“市场”这个词我们说了30多年。在所有的市场中，外汇市场不仅仅是金融市场中的最高形态，也是世界上最自由的市场。我们说过，除了外汇市场，没有哪个市场更符合自由市场的四个假设。

非但如此，外汇市场还有很多其他金融市场不具备的特征，既是投机、投资最需要的条件，也是一个真正自由市场的要件。遗憾的是，只有在外汇市场才有可能具备这些特征，外汇市场是真正独立于政府监管的市场。央行的影响力也不可能做到真正硬性定价，退一步说，就算央行出手干预范围也不可能触及全球，除了在岸市场，还有离岸市场……

汇市最重要也是区别于其他市场的特征如下：

◆既可以买涨，也可以买跌，只要看准交易方向就能赚钱，涨赚钱、跌也赚钱，机会要比其他金融市场多。虽然股市、期市也能做空，但统计数据显示，在股市、期市只有不足20%～30%的盈利来自做空，这一数字在外汇市场中达到了40%～50%，多空基本持平，这里才是真正的“阴阳互补”。当然，这意味着对方向的判断要求更高。

◆7×24小时全天候交易，这一点全球只有外汇市场才能做到，只有外汇交易在全球各地不同金融中心交易。亚洲、欧洲、美洲等地的不同市场因时差关系形成了不同的白天与黑夜，你不可能在闭市的时候交易。但是，外汇市场是唯一的例外，这是一个24小时连贯的市场，各家清算机构都在想方设法联通这个市场。这既给市场参与者提供了极大的便利，也带来了更多的变数，24小时随时都有风吹草动，随时都可能发生意外。正是因为多变、正是因为存在意外，外汇市场才愈发迷人。

◆外汇市场是全球最为公平、公正的市场，不易被操纵。整个市场包含全球无数的投资者，面对来自全球的力量，任何市场参与方，包括央行或者对冲基金也不具备压倒性优势。加之货币最大的影响因素不仅包括国内政策还包括海外政策，所以，想单方面操纵外汇市场几乎是不可能的事情。因此，外汇市场是最具备技术分析条件的市场，没有了人为操纵，技术分析假设“历史不断重复”才有可能成为现实。

◆全球外汇市场是最大的虚盘交易市场，通常情况下杠杆是1∶10～1∶100，极端的对冲基金可以把杠杆放大到600倍。以小博大，但又风险极高，这样的市场，考验的既是水平、胆量也是人性。

◆交易策略非常灵活，可以根据市场走势随时下达命令。如果看错方向就立即反戈一击。外汇交易员通常的做法是，一旦发现自己方向判断失误，就在另一个方向上成倍放出单子，以挽回前期损失。所以，外汇市场趋势一旦形成就是成级数发展，一浪接一浪。大家想一想，2015年6月中国股市暴跌就有类似的情况，市场参与者在发现自己亏损之后反方向成倍放出空单，导致一轮又一轮杠杆强平。

◆这是一个流动性最强大的金融市场。外汇市场任何一个时刻都有无数参与者，他们从不休息，所以，市场永远有着用不尽的流动性。世界上交易者众多，任何时候投资者都能找到和自己想法相反的人，也就可以达成交易。

第二节 | 黄金铸此身：外汇交易员

一、交易员以服从命令为天职

粗粗看起来外汇交易跟股票交易没什么区别，都是看K线，都是通过手机就能下单，都是有赔有赚……

一样的表象、一样的原理、一样的内核，但是，不一样的结果。股市是普通老百姓的金融游戏，外汇市场却是机构乃至国家间的金融对决。外汇交易难，并不在于筹集资金难。外汇交易难，难在修心，修心有多难，外汇市场就有多不易，世界上没有人可以真正放弃恐惧与贪婪。

交易员的策略、技术都是真金白银堆出来的。交易员圈里面有这样的说法：培养一个合格的外汇交易员，成本相当于用同体积的黄金铸造一个真人。

任何普通人都可以炒股，但是，不是随便哪个人都有资格进入汇市。街边卖菜的阿姨可以掏出手机来买卖股票，她可能没有胆量会买卖外汇，因为还没等一斤青椒（或许是西红柿）卖完，手里的外汇可能就被平盘了。

汇市交易员的智慧远远比股市操盘手强大，所涉猎的信息更是不可同日而语。与其说要成为一位外汇交易员，不如说要成为一位出世高人——不以物喜、不以己悲，忘却人生七苦，不能因得失喜形于色或者惊慌失措。

——要成为一个外汇交易员，必须有顽强的意志，在损失真金白银的时候忍住心中的恐惧；

——要成为一个外汇交易员，必须才思敏捷，在瞬息万变的市场中抓住稍纵即逝的战机；

——要成为一个外汇交易员，最重要的，必须服从严格的纪律，犹如军人一般“以服从命令为天职”；

二、交易的王者：主交易员

三军不可一日无帅，交易室不可一日无主交易员。

一个机构只有一名主交易员，主交易员是一家机构的主帅，是所有指令的下达者，是战争策划者，也是整个机构外汇交易的灵魂。

一个优秀的外汇交易员只能取得一两次战争胜利，只有主交易员才能决定战局成败。世界上最著名的主交易员当属量子基金的索罗斯，量子基金所有的交易策略均出自索罗斯之手，所以，“货币屠人”“金融海盗”“金融大鳄”等绰号才被世人送给了幕后的索罗斯，而不是在一线具体操盘的罗杰斯。

主交易员不能信马由缰，无论他的洞察力和预见性多么强大，都必须为自己的雇主服务。所以，必须先明白一件事儿：本行（或者本机构）的重点是现货还是期货，是积极赚取投资（投机）收益还是被动参与市场？无论主交易员本人风险偏好如何，机构整体操作必须服从授权人偏好，在上述前提下才能谈到总体战略、市场打法。

在通常的“委托—代理”中，委托人可以选择一种制度监督代理人，比如不懂金融行情的董事。在外汇交易中，委托人不可能监督代理人，主交易员根本不可能被监督，市场也没有那么多时间让雇主去监督主交易员。主交易员一旦开始交易，只需要对投资人做一件事：如实汇报市场当期盈亏。

主交易员最需要的不是管理才能，而是铁一般的纪律和心肠。一旦主交易员为手下交易员分配、调整完毕交易权限，那么，整个交易室谁做什么、不能做什么，没有任何中庸之道，**只有行或者不行**。越权交易是外汇市场中最忌讳的事情，如果超越，无论赚赔，事后都必须受到严厉的惩罚。只有一种失误可以原谅，最初建立的头寸向着一个有利的方向发展，市场突然翻转，根本来不及平仓，在采用一切方法平仓之后还是超越了原来的权限。因为市场走势实在太快了，在瞬间就突破了授权。

人们一定认为，主交易员指定的谋略是赌定某种货币朝向那个方向。不是这样的，**一个外汇交易室一定是既有空头又有多头，随着市场不断向前推进，主交易员根据风险政策、交易权限，不断在多空之间寻找平衡，经过很长时间才能敲定每一个阶段的操作方向**。在这个阶段，主交易员可以及时调整不合时宜的交易策略，对前期错误行为果断做出斩仓决策。只有在金融市场上才真正体现了这句古话“当断不断，反受其乱”，这是真金白银的较量，细微之处见真章。

还有一条与大家的想象不一样，**主交易员很少参与一线交易**。这一点倒是和任何地方都一样——领导不干具体业务，只把握方向。主交易员在公司内部一般都属于高管级别，在交易室则是绝对的最高领导。这样就可以理解，为什么主交易员很少参与具体业务。除非感觉特别好，或者特别关键的盘局，他们一旦入市，往往市场上会出现传闻，进而强化趋势，市场反应将会更加激烈。

对主交易员来说，最难也是最重要的工作就是如何止损，行话称为“蚀仓”，必须将亏损控制在预期范围内，主交易员有止损点，每个交易员都有止损点，每笔交易也都有止损点。对交易

来说，这是绝对不能破坏的红线，一旦触及止损点，无论后市如何发展，都必须斩仓出局！这也是绝对不容突破的底线，否则，无论后市赚赔都必须承担重大责任。绝不能因为后市赚钱了就减轻处罚，与盈利相比，违反制度给交易室带来的损失更大。

对任何机构来说，主交易员获得授权的额度都是一个秘密，除了老板和主交易员本人外，任何人都无从知晓。就算是有突破授权的情况，双方也都不会言明，完全黑箱处理，正因为如此，主交易员的品质和纪律要求才显得更为可贵。

如果说培养一个合格的外汇交易员需要用黄金铸造同等体积，那么，每一个合格主交易员大概都是无价之宝，比如，世界上没有任何一家企业能请动索罗斯为其服务。坐在主交易员位置上的人即使不若索罗斯，也已经到了宠辱不惊的地步，他们在生活中都将是看惯生死的哲人。

三、一言难尽交易员

很多人以为交易员是一个很光鲜的职业，每天手握成千上万亿资金，操纵着股票的涨跌。

实际上，在金融市场上依靠资金力量打压对手是一种傻、大、黑、粗的暴力行为，根本不是智者所为。还有一条也很重要，外汇市场根本不可能存在傻、大、黑、粗的暴力行为，在每天交易额万亿以上的外汇市场，索罗斯和中央银行都是小不点，其他人就更别指望掀起什么大风大浪。

与股市操盘手相比，**外汇交易员的最高难度不在操作技术、**

不在于对市场战机的捕捉，而在于大局观，任何一个小交易员都必须有全局性战略，否则，他在外汇市场上将寸步难行。

大家都知道汇率是一国本币在国际金融市场上的价格，既然是交易一国货币，就必然有另外一国的比价。这不但要熟知一个国家的经济、人文、政治等，而且全球范围内政治经济大事都要知道，对主要国家和地区必须洞若观火。在国际金融市场上，汇率大趋势谁都能看出来，比如美元加息就要升值，要命的是小概率事件，稍微的风吹草动都会引发包含在大趋势中的一场暴涨或者暴跌。

小概率事件根本没什么规律可循，需要一事一议。诺贝尔经济学奖得主默顿曾说自己的投资基金因为小概率事件而破产，他自嘲道："我们的模型没有错，是这个世界错了。"

小概率事件更不会遵循什么经济学规律，否则也就不叫小概率事件了。2016年3月12日，欧洲中央银行宣布降息，原本按照利率平价原则，欧元一旦降息就会引发贬值，实际情况是欧元不但没有贬值反而对美元升值。

此时美元正处于升息周期之中，怎么会有这样诡异的结果？

当然，仅有全局观是远远不够的，还要有相应的决策和行动能力。与有时候股市操盘手要完全听命于老板不同，每一名汇市交易员都有自己的权限。从主交易员向下，根据个人经历、能力、资历、业务水平、层级的不同，授权也不尽一致。在授权范围之内，交易员有权力自行决定做多或者做空、做多少，根本不用向领导请示汇报，也没法跟领导请示。在交易的世界里，本心一念才是一笔交易最大的领导，这一念决定了你赚钱还是赔钱、

光鲜还是卑微。这样的转念并非玄而又玄的“市场感觉”，而是集中了一个交易员的经验、智慧和判断力，否则，面对瞬息万变的市场，等你请示汇报完，已经错失良机。

必须说明的是，外汇市场是7×24小时交易，没有停止的时候，所以，外汇交易员还得有一个好身板。交易员是人，不是机器，必须休息。但是，市场不会因为交易员休息而停止，所以下班之前必须平仓，否则就得加班盯住头寸，直到头寸轧平为止。主交易员或者层次最高的交易员可能会有权力留有头寸，不同机构视情况而定。如果真的有隔夜头寸，那一定还有一件事是肯定的：留有止损点。

止损点设置是一门非常讲究的学问：太宽了，都200个点位以上了，早就赔光了；太窄了，几十个点位稍有动静就让人斩仓，根本不现实。这就需要主交易员和交易员针对具体情况商讨，请千万记住，止损点设置绝不仅仅在亏损或者盈利，还有即期、远期、拆借，各种业务都必须有遵守的底线。

止损或者蚀仓是交易员的入门业务，就像练散打得先会挨打，未思进先思退。外汇交易员淘汰率很高，所以这不是一个稳定的职业。如果普通行业遵循“二八原则”，只有20%的人最后能爬到巅峰，交易员大概只有不到1%的人能坚持做3年以上。交易员竞争确实特别惨烈，据统计，投机交易的赚赔比例是1：4，在外汇市场成为“常胜将军”是一个极难的事情。

真的有志在交易行当出人头地的年轻人，可以借鉴这里列举的“投资经验”，希望对您能有所参考。

◆**对普通人来说，投机性金融市场投资（投机）占个人资产总量不得超过10%。**一般情况下杠杆是1：10，10%的盈亏已经是您的全部资产了。不要以为保证金交易亏光了本金就止损了，在没有接盘的情况下也会持续亏损你的本金。更重要的是，如果投机资产超过10%的比例，投资人在资金量上会捉襟见肘，投资决策很可能因此出现失误。

◆拿出10%的资产做投机，并不意味着10%的资产可以全盘压上，无论何种投机交易，只要是在保证金制度下就**必须时刻留有一半以上资产作为储备，绝不能全盘压上。**也就是说，投机账户中要有一半留下来作为“预备队”。

◆**投机交易最重要的是止损，必须控制亏损，尤其要避免一次性巨亏。**大多数巨亏在初期一定是可以控制的，可以控制而不控制，这就是交易员的错误了。最开始就要设定好止损线，并且在交易中坚决执行，记住，这里是战场，止损线就是军令。不听市场军令可能损失全部财富。

◆**不要频繁交易，频繁交易的结果不一定能赚到钱，却一定会亏损。从生理角度来看，一个人只有心平气和的时候才能做出理智的决定，**在市场上千万不能激动，更不能见风就是雨。比如说，大家可以试验，看九次、交易一次，九次观摩可以验证一次个人对市场的判断能力。只有感觉特别好，坚信当期价格会朝着希望的方向大幅变动的情况下才动手。真正交易的时候要类似一种禅定的心态，不但冷静、镇定，还要放弃恐惧与贪婪，使自己成为一台参与市场的机器。

◆投机交易不是一场赌博，而是一场智力游戏，输赢是可以算出来的。金融市场是一个有规则的财富搏杀游戏，一定是有规则可遵循的，否则就不会出现索罗斯、巴菲特这样的神人。进入金融市场的人一定要先做好准备，比如基本的投机知识，对市场细致入微的观察，请记住，不能抱着万无一失的幻想，更不能在某一把上放手一搏，这里的游戏专门让赌徒发财的理想幻灭！

市场真正的变化就如同战场，在战前可以有无数种理论预测、分析，但最后决策的只有主帅一个人，这个人也将承受所有的风险和收益。跟打仗一样，纸上谈兵没多大作用，要多盯盘、多交易、多思考，总结每一次的错误和经验，才能有所成就。

◆真正动手交易之前，必须有一个经过自己检验的交易策略，请记住，是自己校验，不是道听途说。检验的方式可以是观摩，也可以是模拟交易，总之，股票市场小白还可以玩玩，缺乏必要经验的人连碰都不能碰投机市场。如果是刚刚开始的新手，请从交易活跃的币种开始，轻易不要碰冷门货币。推演到股票市场，新手请从蓝筹股开始，远离小盘股或市盈率偏高的股票。

◆佐证一个趋势很简单。外汇市场短期趋势用日线，股票市场用周线最多看月线，中短期趋势是涨是跌，只需看一眼，什么都不言自明。追随趋势，大体判断不会有错误。在趋势之中一旦有明显的盈利，请千万不要轻易放弃，尽量延续盈利，必须要坚持到浮盈减少的时候。十次交易哪怕只有一次大的盈利，也可以弥补止损线之内的数次亏损。

四、零和交易场

大海时而咆哮不已，时而静若处子，无论怎样的形态，永远不会干涸。汇市也是如此，时而暗流涌动，时而平静如水，无论如何，永远有人在这里交易。

就像海水在地球上，外汇市场的交易也不能凭空进行，哪里才能放下这个7×24小时的大市场呢？国内股票市场有上海证券交易所、深圳证券交易所，国际外汇市场有独立的交易系统，**外汇交易系统中应用最广泛的当属路透社外汇信息服务及交易系统**，其他还有彭博金融信息系统和德励财经系统，等等。

路透社是最根本的交易系统，外汇市场报价遵循路透社的“单位元”标价方法。所谓“单位元”就是指1美元兑换多少对方货币。例如，USD/RMB 6.623 8/45，斜线左边是买入价，右边是卖出价，有人愿意以1：6.623 8的汇价买入人民币、卖出美元，有人愿意以1：6.624 5的汇价卖出人民币、买入美元。

在外汇报价的5位数字中从右向左第一个位置是“基本位”，万分之几。因为杠杆的原因，汇率浮动不可能像股票一样动辄百分之几，平时所谓汇率涨跌几个点，就是指涨跌万分之几，而不是百分之几。一般汇率报价以10个基本位为报价单位，交易的资金至少100万美元或等值货币，百万美元之下很难进入路透社的交易系统交易。

所以，绝大多数散户对外汇市场只能是心向往之而身不能至。

另外，**大概大家不会想到，最高级的金融市场，相当一部分交易员始终遵循着最传统的交易方式——电话。**

究竟要买卖多少外汇，直接打电话给可能的对手方。

这个电话可不简单，不比您炒股时有思考的机会，可以从容下单。电话是一个即时交流过程，对方在电话里报出价格的第一瞬间就要立即回答，思考时间不会超过几秒钟。如果考虑得太久了，比如10秒以上，几乎可以肯定对方就会改变报价，回答你“价格变了”。如果询价方对报价方给出的价格不满意，可以回答“暂时无事”。

还有一条，外汇交易市场的电话可不像农贸市场小商贩讨价还价可以反悔，一旦双方在电话里定盘子，无论后市走势如何都要马上交割。不然，反悔方的名字就会传遍整个市场，严重的情况是整个机构都不会再做对手交易了，不仅仅是你个人，而是你所在的机构都无法在市场中交易。

外汇交易要顺势而为，只要市场能在一个确定的方向上延续就可以轻松获利。问题是当一个趋势延续太久，就会成为泡沫，就会成为“博傻”游戏，每一个交易员都看到了趋势，也相信趋势会延续下去，击鼓传花，球到底传到谁的手中会崩溃？很多人以为这是一个很简单的道理，既然早晚会出事，那当初为什么还要接球，不是傻吗？

事实上，不接球的人才真的是傻，在趋势之中跟从趋势必然会盈利，只有自以为是的人才会逆势而为。

逆势而为，与整个市场对抗，你不亏钱谁亏钱？正如2003年至今的中国房地产市场，一线城市的房子从未降价，14年的大趋势谁都看得懂。外汇市场放大了盈利又缩短了时间，交易员必须在接球后的第一瞬间做出判断：趋势到底能延续多久？在趋势结束之前这种游戏将一直存在，又会进一步强化趋势，何况还有长线投资者稳定趋势。

但是，无论这是一个怎样的过程，也无论趋势多么地迅猛，趋势总有翻转的时候，到时候手里拿球的交易员就会巨亏。索罗斯之所以成为“金融大鳄”，就是他敢于赌趋势在限定的时间内翻转，当然，为了这次翻转量子基金会做很多事情：在新闻上造势，在气势上压倒敌人；在实际交易中放空对方货币，在价格上打压敌人……

无论把这个市场描述得多么神奇，有一条永远不会改变：外汇市场从未真正创造财富，只是一个零和交易。也就是说，财富总量是不会变的，一个人盈利就必然有一个人亏损，盈利者是在搏杀别人的财富。

第三节 央行与汇率

一、为什么要入市

央行入市影响汇率，各国政府常以此作为调控宏观经济的重要手段，相关研究比比皆是。无论实行固定汇率还是浮动汇率，央行都有义务对汇率市场进行必要的监管。固定汇率制下自然是

责无旁贷，一旦汇率偏离点位，央行就会入市干预。即使自由浮动汇率，汇率频繁且大幅度的波动会对国民经济带来危害，各国央行也不可能听之任之，必然要进行干预。干预方式有很多种，可以直接干预，在外汇市场影响汇率；也可以间接干预，通过宏观政策、道义劝告等手段影响外汇市场。

1983年凡尔赛工业国首脑会议对央行干预外汇市场的定义是：货币当局为影响本国货币的汇率而在外汇市场上进行的任何外汇买卖活动。

国际货币基金组织也对央行干预汇市做出了种种规定，满足以下条件时，中央银行可以入市干预汇率：当单日或一周之内或者短期内汇率发生大幅波动，中央银行应当干预；对月度或季度内较长期的汇率波动，中央银行可以运用干预或其他手段维持汇率的稳定。

当出现以下条件时，中央银行不得进入市场干预汇率：中央银行不得做出与波动趋势一致的干预，即当外汇市场处于升势时，中央银行不得入市买入，反之亦然，汇率目标区制度国家不受此限；成员国干预外汇市场不能够妨碍有效的国际收支调节；干预要兼顾本国和他国的利益，不能以获取对其他成员国不公正的竞争优势为目的。

央行直接干预又分为熨平每日波动型、中流砥柱型和非官方钉住型三种类型。

——**熨平每日波动就是每天看着市场**，引导走势平稳运行，这是最常见却最有效的调控。有人以为外汇市场操作就是大量抛出现金（买卖双方都是如此），直接把汇价逼到目标位置，实际上，影响汇率有很多方法手段，要花小钱、办大事儿。举个简单的例子，买入价和卖出价之间差距逐渐拉大是汇市不稳的一个表现，央行这个时候需要入市干预，针对报出差价最大的银行交易，做且只做这一家银行，交易额甚至可以比平时少一些。

如此，市场会立刻心领神会。

央行在市场上的一举一动都会被密切关注，他稍微一想就能明白，央行因此就能达到压缩买入卖出价差距的目标。

——**中流砥柱最震撼**，当突发事件导致汇率大幅波动时，央行将之逼回固定汇率位置，面对国际炒家的护盘行为就是中流砥柱型。

——**所谓非官方钉住型**，要实现的目标只有央行自己知道，只要市场波动与其要求不符就干预。

以上三种类型，最重要的就是中流砥柱型干预。

与央行相反，国际炒家冲击一国外汇市场也是在干预汇率波动，原理可以描述如下：**国际炒家先在国内外货币市场上借入一国本币，选择一个时点在外汇市场突然发难，疯狂抛售本币。当本币汇率被"砸"下来，在低点用外币购回本币，再在货币市场归还本币。**

在这整个过程中，投机者最重要的一环就是低成本地拿到本币。对本币成本影响最大的是本国中央银行，只要提高利率就可提高本币持有成本。在香港联系汇率保卫战、东南亚金融危机中，为了狙击国际炒家，货币当局都把利率提高到前所未有的高

度。但是，利率提高不是无限制的，也不是没有成本的。

高利率会对国内房地产带来致命的打击，而且立竿见影就能见到成效。一旦房价暴跌，国内经济可能会在短期内陷入停滞甚至倒退的僵局。高利率并非只作用于房地产，另一个立竿见影的领域是国家财政，高利率使得财政预算赤字增加，进一步削弱政府调控经济的能力。最后才是对银行和实体经济的打击，虽然高利率会影响就业、投资和经济增长，但这些都是间接因素，不会直接体现出来。

外汇市场是顶尖的金融市场，在外汇市场中即使央行也不能为所欲为，东南亚金融危机就是证明。

二、美日央行入市干预模式

世界各国中央银行对外汇干预各有不同，其决策机构、执行机构、信息披露等情况如表5—1所示。其中又以美国和日本的干预模式最具代表性。

表5—1　主要国家和地区央行干预外汇决策序列

国家	美国	日本	欧元区
决策机构	财政部主导，美联储协助	大藏省	欧洲中央银行主导，欧洲议会协助
代理执行机构	纽约联邦储备银行	日本银行	欧洲中央银行
信息披露状况	1973年以来的干预信息，包括数量、日期、时间、货币等	1991年4月以来的干预信息，包括日期、数量、货币等	没有披露

资料来源：根据相关资料整理所得。

1. **美国**。不要以为美国是个自由市场，国家就不干预美元汇率，这个号称最自由的国家，对汇率的操控历史悠久，最为成熟且无所不用其极。在美国，国会授权财政部决策外汇平准事宜，并掌握外汇平准基金，财政部将基金委托给纽约联邦储备银行（大家可以将之理解为中国人民银行上海分行，简称纽联储）。干预命令由财政部下达，由纽联储代表财政部执行，执行渠道是外汇平准基金工具，包括以特别提款权（SDR）、美国政府债券、欧元、日元为主的市场操作。

纽联储和财政部的配合至关重要，仅从行政序列来说两者并不在同一个系统之中，联储的职责是货币政策。但是，纽约联储跟财政部配合得相当默契，双方信息交换几乎可以说是实时的，财政部会随时为纽联储提供资金支持。对外则由纽联储外汇交易室出面，既可以直接与商业银行交易，也可以将商业银行作为代理与外汇经纪商交易。

与其他国家不同，美元是国际货币，所以，纽联储调控手段基本不涉及美元，以买卖外币、运用特别提款权、对外国政府发放贷款等手段来影响汇率变动。

第一，买卖外币程序相对简单，纽联储只需要根据财政部指令在市场上买入或者卖出就可以了。

第二，运用特别提款权。美国是世界银行最大的股东，也是特别提款权最大的拥有者，其特别提款权全部存放于纽联储，纽联储根据汇率市场情况向基金组织其他成员国买卖特别提款权，实现干预市场的目标。

第三，外汇平准基金以贷款的方式向外国政府拆借美元，增加市场美元供给，平抑市场汇率波动。一般财政部会与外国政府之间达成协议，直接规定贷款中美元兑换外币的比价，也就是说直接指定汇率。这种协议对汇率影响极其重大，基本可以说是一锤定音。

2. **日本**。日本由大藏省和中央银行（日本银行）联合负责外汇市场干预事宜，其中以大藏省为主。前者主要职责是制定日元汇率政策，后者主要负责国内货币政策；通俗说，就是大藏省负责决策，日本银行负责执行，日本银行如果有干预货币市场的决定，必须征得大藏省同意。日本银行市场操作分为两个部分：一部分是根据大藏省的决策进行，另一部分是以央行自有资产入市操作。

日本外汇市场的特殊性在于中央银行几乎不计成本进行调控，可以说是世界上对汇率调整付出最多的国家。因为日本外汇市场涉及金额巨大，操作频繁，日本银行外汇操作室的交易员被圈里人称为“无畏交易员”。20世纪90年代，十年间日本银行超过10亿美元以上的大规模干预达到31次，超过百亿美元以上的干预达到7次，最大规模的市场干预发生在1995年2月17日至4月18日，日本银行先后投入275亿美元。

三、中美汇率大棋局

中国人民银行研究生部张军等人的研究结果表明，人民银行在汇率调控时应对贬值比应对升值更有效，央行汇率调控还是颇有成绩的。

改革开放以来人民币汇率进行了多次改革，最近的一次改革是2015年8月11日对外汇中间价进行改革，人民银行公布《中国人民银行关于完善人民币兑美元汇率中间价报价的声明》，市场预期从升值转向贬值。2015年四季度美联储决定美元进入升息通道，人民币对美元贬值的预期更是喧嚣一时。

这不是一次孤立的事件，从2008年全球金融海啸起，很多事情都是相互关联的。应该说，美国有着独有的利己逻辑。

全球金融海啸之后美国推出了量化宽松政策，不停在宏观经济上加杠杆、在微观经济上减杠杆。这样做的结果，就是通过政府加杠杆减缓了私人部门杠杆，而政府并未真正承担杠杆，量化宽松政策把危机传播到了全世界。

相反，在这样的时刻中国承担起一个大国应有的责任。如此，人民币汇率升值，并在很长一段时间内维持资本净流入。从长期来看，人民币贬值也不具备基础。对此，人民银行行长周小川在2016年二十国集团（G20）记者招待会上提出，“以市场供求为基础、参考一篮子货币的人民币汇率调节机制一致，较好兼顾市场供求指向、保持对一篮子货币基本稳定和稳定市场预期三者之间的关系。”

2016年两会期间，人民银行副行长、全国政协委员潘功胜表示，目前人民币汇率走势稳定，不具备持续贬值基础。他指出，“当前中国经济增长不错，国际收支顺差大，尤其是经常项目下的顺差，对人民币汇率构成了很强的支持。另外，中国外汇储备

量仍然很大，人民币不具备持续贬值基础。”

一些学界人士的研究结果与人民银行的判断相同。总体上，我们可以从以下几个方面解读人民币汇率未来一段时间的走势。中国经济结构处于一个优化转型的进程中，新常态下中国经济仍旧是全球经济的引擎。在全球经济仍旧不明朗的情况下，我国的政策取向是将保持汇率平稳。

国际货币基金组织（IMF）的观点也从另一个侧面佐证了人民银行的观点。国际货币基金组织总裁拉加德（Lagarde）表示："人民币不具备持续贬值的基础，中方无意让人民币贬值。”她认为对于汇率的问题，各国需要更好地沟通。在这次G20财长和央行行长会议上，各国重申将避免竞争性贬值，并同意就外汇市场、跨境资本流动等情况进行沟通。

下篇

王者历程篇

第6章

王者天下

如今，货币兑换商已从我们文明庙宇的高处落荒而逃。我们要以千古不变的真理来重建这座庙宇。衡量这重建的尺度是我们体现比金钱利益更高尚的社会价值的程度。

幸福并不在于单纯地占有金钱；幸福还在于取得成就后的喜悦，在于创造努力时的激情。务必不能再忘记劳动带来的喜悦和激励，而去疯狂地追逐那转瞬即逝的利润。如果这些暗淡的时日能使我们认识到，我们真正的天命不是要别人侍奉，而是为自己和同胞们服务，那么，我们付出的代价就完全是值得的。

——西奥多·罗斯福

第一节 双面货币

一、货币即钱

货币即钱，妇孺皆知。但是，货币的真正内涵是什么呢？

1978年刚刚改革开放的时候，大学食堂的饭票在学校及周边小卖部都能当现金使用，那么，如果食堂多印饭票，就可以免费购买很多物资。但是，大学的后勤部门不会这么做，所以，饭票才有货币的信誉。同理，如果一个国家的货币在全世界范围内被接受，便可以在全世界用钱换取物资，就是世界货币，是货币中的皇冠。不同的是，没有人能保证这个世界货币的发行者不多印刷货币。世界货币的桂冠，从来就不缺龙争虎斗。

第二次世界大战之后，虽然全球局部战争不断，但要真正成为世界的霸主，不能仅靠枪杆子，还得靠经济、靠金融，有资金才能有枪、有人、有底盘！经济全球化的时代，大国之间你中有我、我中有你，难以沦落到两败俱伤、玉石俱焚的境地，国家之间的斗争已经转到金融乃至货币领域。

要想成为全球经济霸主，本币必定要成为货币之王——国际化的货币。

丘吉尔曾经说过：在国际舞台上，没有永远的朋友，只有永恒的利益。国际舞台所有问题都只有一个落脚点，那就是——利益，衡量利益最好的单位是货币。谁能获得国际货币的地位，谁就会有拥有无上的利益！

一国货币成为国际货币，便不再有汇率、外汇储备一类的概念。如同现在的美元，全世界货币都要跟美元比才能形成外汇牌价。美元就是世界货币，美国还用什么外币？

二、世界货币

哪个国家的货币成了世界货币，就能在全世界征收国际铸币税（seigniorage）。铸币税，听着高深，其实很简单，一张百元大钞纸张加画工、印刷的价值不过一毛钱，但这一毛钱可以买到价值百元的东西，这百元和一毛之间的差距就是铸币税。

普通铸币税的征收对象是自己国家的人，国际铸币税的征收对象是全世界的人。

一国本币在国际市场上发行量越大，发行国就能得到更多的国际铸币税。据统计，目前美国发行的美元只有1/3在本土，从而使美国在全球范围内获得巨额国际铸币税，大约每年为300亿美

元，相当于我们GDP的10%、我们全国税收的一半！

如果某个国家的货币成了世界货币，就能实现“世界财富乾坤大挪移”。国际货币发行国如果在货币上蓄意破坏，效果立竿见影。比如，对内膨胀和对外贬值，所有持有该货币的国外人士财富就会缩水。所以，这种经济收益又被称为“转嫁权”或者“通货膨胀税”，比通常想象的“铸币税”更直接。

自从金本位体系崩溃后，美国每逢经济萧条就让美元贬值，把调整经济的成本转嫁给全世界，典型地“嫁祸于人”。通货膨胀税向来被认为是“国库里最后一粒米”，国际通货膨胀则是国际货币霸权主义危害最大的特权，是全世界的“最后一粒米”，全被货币霸权主义者毫不客气地拿走了。

哪个国家的货币成了世界货币，就能在国际经济活动中吃“霸王餐”。国际贸易风险中最大的莫过于汇率风险。只要不融资融券，股市大跌不会把股票跌没了，会有翻本的机会；房市暴跌也会给你留套房子；要是汇市暴跌可就真是经济危机了，一贬值就成百上千倍，让一个国家血本无归！

如果不信，可以参考货币贬值的津巴布韦。

国际货币发行国不用担心这个问题，本国企业在国际结算和国际投资中使用本国货币可以完全规避汇率风险。非国际货币发行国就没这么幸运了，尤其是小国家，汇率稍有风吹草动都受不了。布雷顿森林体系崩溃后的几十年内，金融危机通常发生在小国，原因就在于此。

哪个国家的货币成了世界货币，就能成为“国际老赖”，还

不进黑名单。如果一种货币成为国际货币，这个国家一定会在全世界负债最多。

负债不还，在经济学上也有论述，在国际货币理论中这种特权被称为“拖欠权”（power to delay）。美国从1971年成为债务国，2015年负债数额升至创纪录的19万亿美元。除了美元发行国自己，南欧的希腊想借钱渡过难关都很难。

全世界的贸易盈余、外汇储备都是美元，这么多美元总得用出去，那就选择美国国债，全世界还有多少资产比美国国债更安全？也就只能借给美国。就这样，其他国家用成千上万件衬衣赚来的外汇储备又重新回到美国金融市场。支持美国这种负债率的是领导全球的科技水平，世界相当一部分产业链的顶端都是美国。

哪个国家的货币成了世界货币，就能成为全世界的中央银行，享有完全独立的货币政策。

经济学中有一个“不可能三角”：资本自由流动、固定汇率制度和独立的货币政策，三者仅能选其二。也就是说，如果选择了货币国际化、固定汇率稳定，那么这个国家就必须放弃货币政策的独立性。

只有一国货币成为国际货币，才能摆脱“不可能三角”的诅咒。在国际货币发行国，是不存在汇率稳定问题的，这种货币本身是别国货币的锚定，只有别人盯住它，它不用盯住别人。

这样的国家可以仅从国内目标出发制定货币政策，其他国家要么控制资本自由流动、要么放弃钉住汇率，否则只能被动接受国际货币国家的货币政策，这样的国家中央银行自然就成为世界中央银行，成为当之无愧的货币霸主。

这就是国际金融体系的“政治”。

三、货币，此山最高

黄金曾经是世界货币，有黄金做保证的时候各国不能乱发货币，大家都一样，货币就是黄金。

为什么全世界要放弃金本位？黄金实在是太少了，黄金代表的价值也不能代表全世界物资的价值。如果黄金始终是货币，那全世界就得整体承受通货紧缩之苦。所以，现在早不是金本位时代了，从布雷顿森林体系崩溃起，货币就是一张不值钱的纸，甚至是一个看得见摸不到的电子符号。

问世间，是否此山最高？

迄今为止一共只有两代世界货币，英镑和美元。

或者，另有此山比天高？

英镑崛起、美元取代英镑，再到美元地位岌岌可危，每一代世界货币霸主都经历了无数次血与火的洗礼。

有人说，世界货币霸主之争就是国家实力之争，重要的是综合国力，经济领导全球、产业雄霸世界的国家其货币方可成为世界货币……综合国力、经济实力、产业实力，这些阳光下的东西当然很重要，会起到决定性作用。

关于这些，我们肯定不能否认，但是，国际货币涉及的利益实在是太大了，仅有这些是远远不够的，除了表象之下的较量，还有我们看不到的战争、阴谋、间谍战……

那么，什么在国际金融市场最重要？

回答这个问题也很简单，顺着逻辑看下去，究竟什么时候美元取代英镑成为世界货币，美元又凭什么把英镑逼到了第二的位置？

——大家都知道，二战时期航空母舰就是美国参加世界大战的王牌了。诺曼底登陆如果没有美国支持，虽然法西斯必败，盟国承受的损失却可能更大。

——现在，一个美国航母编队更了不得：B2战略轰炸机，价值21亿美元；猛禽，世界上最先进的歼击机，可同时锁定200公里外300个目标，全隐形，雷达反射面不足半平方米；X–43A高超音速飞机，据说可以7倍音速飞行；X47隐形无人机；电磁炮，射速3 000米/秒，射程300公里，可一次击毁200公里外的坦克……

说实话，我们不是军迷，对这些名词并不真正理解。我们比较了解的是这个国家的创新实力，无论是商业模式还是技术原创。

——在商业模式上，你所知道的百度，原型是谷歌；你所知道的阿里巴巴，原型是ebay；你所知道的滴滴打车，原型是优步；你所知道的美团，原型是Groupon；就连QQ的原型都是ICQ……

——在技术原创上，迄今为止，美国共有300多名诺贝尔奖获得者，远超世界其他国家的总和，在自然科学领域（物理、化学、生物、医学）更是具备压倒性优势；从麻省理工到加州理工，这个国家的常青藤大学培养了全世界最好的工程师和顶尖的科学家。在科技创新能力方面，英特尔向全世界提供芯片、微软公司和甲骨文公司雄霸软件业的基础市场……

当然，在科研领域没法跟美国比的不仅仅是中国，也包括日本、德国、法国、韩国、俄罗斯……

毫无疑问，是创新实力而不是航母编队支撑了美元世界货币的地位，货币最重要的支撑原来是科技。以为有强大的军事就可以获得世界货币地位的人，思维一定还停留在中世纪武士时代。让我们简单化，世界货币背后的逻辑是：**如果把一个国比成一个家，大家都来做买卖，只有A家庭可以做出别人根本做不出来的产品，这个东西确实非常好，人人都要用。这种情况下，其他家庭都要向A家庭买东西。那么，A家庭的货币，其他人都得用啊。**

二战后，美国始终引领着全世界科技的最前沿，电气化革命兴起在美国、信息化革命兴起在美国。微软的操作系统、英特尔的处理器技术……在全球经济体系中，美国始终掌握着最核心、最高端的技术。

毁灭了旧世界、创造了新市场，当全世界人都在享受新科技的同时，就都必须去美国买最核心的部件，都去用美元作为世界货币。只有掌握自主创新的科技，才可能赚更多的钱，才可能真正控制全世界，其他国家始终被压制在产业链的最低端，偶有科技创新并不能改变全局。

今天，欧洲是这样，日本是这样，全世界都是这样。

在当代，区区剑匣之功断不可能造就一代世界货币，世界货币唯一的支撑是创新。技术创新从来都是开天辟地般，它将人类带入一个崭新的新世界，要想获得打开跨入新时代大门的钥匙，就必须接受原创方对技术的定价！只要有足够的资本、足够的

钱，行业和产品都可以复制，甚至可以创造相对丰裕的供给，这些从来不具备稀缺性！唯一不可替代的只有技术原创，它可以给货币定价！

第二节 英镑其亡也忽焉

大英帝国是第一代世界强国，当船坚炮利的英国人带着鸦片闯入大清朝时，很多人居然把长鼻子、蓝眼睛的英国人当做妖怪。后来人们终于睁开眼睛看世界，怎么也想不明白，所谓大英帝国不过是一个海岛上的蕞尔小国，不要说义和团，就连当年骁勇的八旗兵在一群雇佣军面前也不堪一击，稀里糊涂败下阵来。

自以为是的封建官僚想不明白，它们怎么会如此船坚炮利，怎么能有如此多奇淫技巧？英镑不过就是一张纸，怎么能在全世界花？

一、尔乃蛮夷

英国的历史没有什么四大发明，也没什么可吹嘘的。英伦半岛曾经先后被古罗马、丹麦、法国人占领，被英格兰人奉为祖先的盎格鲁–撒克逊人也是后来的移民。总之，在欧洲这是一个普通得不能再普通的国家。早在工业革命之前，英国判断一个穷人的标准是他的房

子有没有厨房，如果要在起居室里做饭，那么他就是一个穷人。

当时，英国一个中等普通家庭即使在荒年一般也可以有30先令结余，生活性消费不会受到影响，基本没有绝收或者成群结队乞讨、大规模饿死人的场景出现。

但是，这是一个孕育近代资产阶级革命的国度。工业革命之前，距离英国王室颁布《大宪章》已经近300年，封建国王的权力在历史上第一次被一张写在羊皮卷上的文件限制——王在法下。从此，君权不再神授，君主统治的合法性从万能上帝的手中回到了人间，君权建立在封建领主对国王授权的基础上——领主效忠于国王，国王赐予领主土地。对封建统治者来说，领主如果有自己的创新，完全可以在自己的领地上享受收益，国王无权过问——财产所有权不得随意被剥夺，这为英国持久繁荣奠定了坚持的基础。

就在这些变革无声无息进行的时候，第一代世界霸主西班牙已经独占世界舞台尽情表演多年。

15世纪西班牙、葡萄牙率先登上发现的"新大陆"，骤然富强起来。从世界史角度来看，西班牙才是第一代世界性大国，也是第一代日不落帝国和西方霸主。无论从哪个方向，英国此时都无法与西班牙相比：西班牙无敌舰队有500多艘战舰，英国皇家海军只有30多艘。西班牙主战战船"盖伦"配备的加农炮炮弹重50多磅，英军主战战舰的加农炮炮弹不过重30磅。

如此战力对比，西班牙却真实上演了一场异国版"火烧赤壁"，堂堂无敌舰队被英军几艘小船烧了个干干净净。当然，之前英国做足了小动作，收集西班牙银行的银行券，集中在同一时间跑去兑付黄金，使西班牙王室捉襟见肘，500多条战舰对英开战时只出动了132艘战舰。

历史对于第一代世界霸主争夺战有过很多争论，有一种观点认为：弱小的英国战胜世界霸主西班牙，属于先进制度战胜落后制度，没有任何侥幸的成分。我们的教科书给出了标准化答案：**新兴资产阶级必定战胜封建势力，这是英国步入世界强国的起点**。从此，世界开始了“伊丽莎白”时代。

在无敌舰队被毁掉之前，荷兰盾通行世界，荷兰享有“海上马车夫”之称。荷兰盾的地位建立在荷兰的国际贸易和航运业垄断地位上，阿姆斯特丹不但是全球贸易中心，也是当时的国际金融中心，第一代真正意义的商业银行就出现在阿姆斯特丹。荷兰盾随着“海上马车夫”走遍了世界，阿姆斯特丹则把荷兰盾贷款放到了全世界。

击溃无敌舰队后，英国1688年又经历了“光荣革命”，这个帝国主义新秀开始在全球践行一份誓言：“谁控制了海洋，即控制了贸易；谁控制了世界贸易，即控制了世界财富”，控制了世界贸易当然就控制了世界财富。当所有国际贸易都以英镑结算的时候，世界财富都归属于英国！

1876年，维多利亚女王被英国人拥戴兼任印度女皇，随后在英国官方文书中开始使用“大英帝国”的名称，全球布满了大英帝国的殖民地，一天24个小时，太阳总会照耀着帝国的土地。

随着大英帝国的兴起，英镑成为世界上第一代通用货币，太

阳照耀的地方就有英镑在流通。

二、央行原罪

很多人认为英镑能成为第一代国际货币最主要的原因是武力，这当然没错。但是，要成为世界霸主仅仅有武力还是不够的，甚至仅仅有经济能力和先进的制度也是不够的，还要能借到钱。借到钱才有可能装备更多军队，借到钱才有可能透支未来。

请永远记住这条金融铁则：金融就是魔法，它能让一个人、一个国家具有超能力，可以从未来借到钱，武装现在的自己。

于是，你会变得更强大。

当时，英国与法国先后完成了资产阶级革命，欧洲大陆经济发展如火如荼。它们也代表资产阶级先进生产力，真的较量起来，第一代世界霸主未必是英国。自从有了英格兰银行，英国王室便有了借钱武装自己的途径。透支了未来，才有可能击溃欧洲大陆最强大的对手——法国。

历史也会开玩笑，英国建立英格兰银行实在是因为对付不了法国，于是成立一家银行借钱应急。当时，克伦威尔（Cromwell）的时代刚刚过去，英国王室实在是捉襟见肘，国王查理二世甚至甘冒叛国罪去借钱。

就在最惨的时候，也就是1688年，英法两国再次爆发了一场长达9年的战争，英国王室根本就没钱支付军费。**王室想到的办法就是把王室权力——铸币权，卖给了私人银行，于是，世界上才有了英格兰银行。**

1694年，双方战事胶着，英格兰银行成立的唯一目标就是筹措军费。英格兰银行成立之初就独占了发行货币的权力，由国家指定机构发行有准备的货币，这种货币就是今天大家使用的英镑，名义上的准备则是王室黄金，实际是透支王室信誉。严格意义上说，在此之前的第一代世界货币英镑并不是真正意义上的货币，只是一种记账符号、一种黄金重量单位。

英格兰银行成立，第一笔业务就是发行20万英镑现金，汇款到前线的英军阵营，购买军火、激励将士——反正兑付黄金不是一时半会的事儿。王室打算好好利用这个时间差，在这个时间差内如果对法战争胜利，这20万英镑对应的黄金就要由法国赔偿——完全是一种不靠谱的预期。

奇怪的是，凭着这种不靠谱的预期，从此英国奇迹般扭转了战局，打赢了这场战争，英格兰银行从此生存下来并成为中央银行。

这家靠“忽悠”产生的中央银行，此后创设出一系列良性制度，例如，土地银行、保险业直至孕育出现代金融体系雏形，当时这些也许就不在创设者想象之内。

正如尤瑟夫·凯西斯（Youssef Cassis）所说，“英格兰银行的成立标志着政府融资的现代体系的建立。作为政府的银行，英格兰银行承担了管理国家公共债务的责任。同时，作为一个私人机构，它的收益也来自商业银行业务和发行银行券的特权。”

三、功与罪

英镑在全世界得以顺利推行，最根本原因还是“日不落帝

国”的辽阔疆域与当世无敌的武力。

18世纪的英国经济学家杰文斯（Jevons）说：北美和俄国的平原是我们的玉米地，芝加哥和敖德萨是我们的粮仓，加拿大和波罗的海是我们的林场，澳大利亚、西亚有我们的牧羊地，阿根廷和北美的西部草原有我们的牛群，印度人和中国人为我们种植茶叶；而我们的咖啡、甘蔗和香料种植园则遍及印度群岛，西班牙和法国是我们的葡萄园，地中海是我们的果园；长期以来早就生长在美国南部的我们的棉花地，现在正在向地球所有温暖的区域扩展。

英国既然把海外殖民地作为原料供应地和产品倾销市场，殖民地与宗主国之间根本没有道理好讲，不但国际贸易，就连本国货币流通也得用英镑。

就这样英镑“被”全世界使用，理所当然成为了第一代世界货币。1821年，英国第一次在全世界明确了金本位制，以帝国的名义正式宣布了英镑的黄金含量，**每英镑含纯金7.233 88克。**

所谓“金本位”是典型的自由货币制度，任何人（也可以是国家）拿着足量的黄金都可以作为货币，可以放到英格兰银行换取英镑，也可以拿着英镑去英格兰银行换成黄金。至于各国之间不同货币的汇率，就是按含金量进行比较，完全是固定汇率。

当时，只有英国及其殖民地才实行金本位：加拿大、葡萄牙、土耳其、埃及、巴西、智利和澳大利亚，其他国家一般都是银本位或者金银复本位。在当时的世界，金本位和银本位、金银复本位竞争，结果是显而易见的：必然是金本位胜出。

确立金本位后，英国很快就迎来了最辉煌的时代，很难说是世界货币刺激了英国经济，还是英国经济成就了英镑的世界货币地位。

此时，第一次工业革命爆发。1860年欧洲工业品约占全世界的90%，而英国占欧洲的60%、占全世界的40%～50%；1870年，英国钢铁产量在世界占到50%以上；到1900年，如果说英国工业化水平为100，后起之秀美国还不足40……

在英国的强势推动下，法国、荷兰、葡萄牙、西班牙、比利时、意大利、瑞士、德国、丹麦、瑞典、挪威等西方主要国家货币本位全部演进到金本位，英镑则在整个体系中处于核心地位。

此时，英国不但拥有全世界最强大的科技力量、军事力量，还拥有最强大的金融力量，国内有一个高效的公共管理框架，良好的信用体系和货币体系，一个全球规模最大、最具备吸引力的金融市场，一个以英格兰银行为核心的金本位制度，最重要的，全世界必须用英镑才能购买英国的工业品。

从19世纪70年代确立英镑世界货币的中心地位到1908年，世界上的国家除了中国、普鲁士和少数中美洲国家继续实行银本位制之外，其他国家均实行金本位制。这一时期，金本位制覆盖了世界货币交易的2/3。

英镑第一代国际货币的地位已经不可撼动。

四、末路昏招

1913年成立的美联储，成为美利坚合众国的中央银行。此时无论美国还是英国可能都没有意识到，在不久的将来美元即将挑战英镑的世界货币地位，并最终毫无悬念地取而代之。

1914年第一次世界大战爆发，各主要西方国家分裂为同盟国和协约国，双方都立即切断本币与黄金之间的联系，禁止黄金出境，金本位存在的基础被彻底破坏。

只有一个例外——美国，尽管美国1917年对协约国宣战，但从未宣布美元与黄金脱钩，任何国家都可以拿着美元在美国兑换黄金。也就是说，美元是唯一没有限制黄金自由兑换的国度，国际地位空前提高。

此时，英国对此浑然不觉，一门心思投入战争，以为跟以前一样，只要打赢了战争，自然有失败者为成本买单。

1918年第一次世界大战结束，英国又干了一件“蠢事儿”：直接毁掉了一个多世纪以来先辈们建立的英镑信誉，双手把国际货币的王冠奉送给了美国。

一战时期，同为盟国的英国、法国都需要向美国借钱、向美国买武器。至于怎么还钱，英法还想用老办法，转嫁给战败的德国！

问题是，第一次世界大战不是英法百年战争，坦克等近代武器已经出现，杀伤力、破坏力极为巨大。战败国德国的损失实在是太大了，柏林鲁尔区被夷为平地，根本无力支付债务。

德国没有给战争赔款，**英国以德国拒绝赔偿为由希望停止向美国支付战债。**

大家都知道，银行是经营信用的机构，世界货币的背后最大的基础就是信用。国际货币霸主公开在全球赖账，就这样主动砸烂了自己的招牌。

第一次世界大战让英镑内外交困，战债处置问题更是给英镑带来了永久的伤害。遗憾的是，英国政府并未采取恰当的形式捍卫世界货币的霸主地位，反而采取了一系列相反的政策，限制黄金外流、实行扩张性货币政策，这些都是损害英镑信用的行为。就是在这个时期，美国已经迅速崛起……

恰在此时，美元已经在背后窥伺多时了。一战后，美国黄金储备已经占到世界黄金总量的50%，贸易结算量仅次于英镑，美元不战而胜，问鼎国际货币霸主只是时间问题了。

如此时刻，英镑依旧大睡酣然，根本不知道……

第三节　美元其兴也勃焉

一、霸主可待成追忆

第一次世界大战是人类有史以来规模最大的战争，大约有6 500万人参战，1 000万人失去了生命，2 000万人受伤，这是帝国主义之间的战争，给全世界人民带来了深重的灾难。英国作为名义上的战胜国，把80万士兵的生命永远留在了战场上，100亿

英镑打了水漂，全国1/3的财富化为乌有。

对经济运行来说，英国战后出现了巨额贸易逆差，王室被迫卖掉了1/4的海外资产用来清偿外债。更惨的事情是：世界霸主地位让给了美国，英镑世界货币的宝座也拱手相送。

俗话说“烂船还有三斤钉”，英国一旦醒悟过来，让它退位让贤显然是根本不可能的。然而，霸主可待成追忆，只是当时已惘然！

此时的英国已经丧失了战斗的根本——黄金，金本位下没有黄金，如同战争中没有了子弹！（见图6—1）

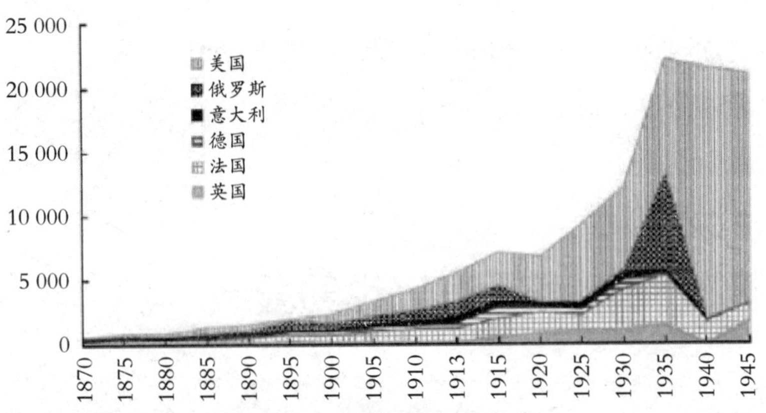

图6—1　主要西方国家黄金储备数量（1870—1945年）

资料来源：世界黄金协会数据库。

战争是财富转移的最佳契机，但是发财得找对方法，否则战胜国也不一定能占到便宜，一战后的英国就是最佳例证。

轰轰烈烈的第一次世界大战给英国带来了严重的后果——从战前美国欠英国约30亿美元，战后英国倒欠美国近50亿美元，内债6.66亿英镑。

1919年巴黎和会就是在这种形势下召开的，面对几个“破落户”，美国总统威尔逊信心满满，乘坐“华盛顿号”军舰前往：从此便是美国的世界，我们不但要主导欧洲，还要主导全世界！

咄咄逼人的威尔逊提出了“十四点计划”：就算在前苏联面前也丝毫不加收敛，直接要西方世界的领导权。威尔逊是有底气的，不但财大气粗，也是当时唯一一家能保持金本位的国家，战前英镑就是靠着金本位才成为老大，现在轮到美国了。

但是威尔逊根本没想到，美国在国际联盟中投票权不足，根本没有国家赞同他的“十四点计划”。

雄心勃勃的美国根本没有想到这个结局，但它知道这些国家没有钱支持不了多久。

1922年意大利热那亚会议，西方世界讨论战后东欧复兴问题，更主要的是英法两国要让德国还钱。英国、法国这些老牌的帝国主义国家明知德国还不起战债，还要靠德国还债。

言下之意，就是不还钱给美国。

美国借故不参加热那亚会议，还宣称热那亚会议政治性比经济性强，美国保持中立。诚如美国建国者华盛顿所言：“如果我们卷进欧洲事务，与它们（欧洲国家）的政治兴衰人为地联系在一起，或与它们友好而结成同盟，或与它们敌对而发生冲突，都是不明智的。”

热那亚会议各国各执己见、僵持不下，尤其是前苏联与英国针锋相对。英国强烈要求德国归还战债，前苏联却提出了“和平共处”“互免战债”，英国无法为资本主义阵营国家提供任何实质性帮助，最后的结果居然是前苏联和德国在会议外达成两国互免债务的协议，此外再无任何实质性协议达成。

此时，英国才意识到自己失去了国际金融的控制权，试图捍卫霸主的位置，拿出的招数叫做“金汇兑本位制”。据说“金汇兑本位制”的目标是促进国际贸易、防止全球通胀，实际目标只有一个，英国要夺回国际货币霸主的位置。

所谓“金汇兑本位”是一种投机取巧的办法：简单说，让大家放心，英镑还是可以兑换黄金的，比如一个国家拿着英镑来提款，咱一定给它兑换黄金，英镑与美元汇率将恢复战前的1：4.86！

国家的金融承诺可信吗？

如果你信西方国家的那些谎言，那就彻头彻尾地错了。于是，人们很快就发现自己被大英帝国政府欺骗了。

二、文斗变武斗

第二次工业革命使人类从蒸汽时代跨入电气时代，当代文明就是建立在第二次工业革命的基础上。信息技术迄今为止还不能说是真正意义上的第三次工业革命，因为信息技术并没有改变最基本的动力，只是降低了人类交易成本。

第二次工业革命恰恰就发生在世界新贵——美国。1924年美国用电量达到650亿千瓦，占全世界用电量的50%，电力工业跃居世界第一位。可以说，1924—1929年是美国经济有史以来最辉煌的时期，在世界经济中的占比也达到了巅峰。

1927年7月，国际联盟在日内瓦召开世界经济会议，与会各国达成了一系列改善世界经济的建议。随后英、法、美央行行长在纽约长岛召开会议，美国终于让步，同意主动降低利率，以吸引资金流向英国，稳定当时的国际货币体系。同时，美国继续做好事，为各国购买美国产品提供低利率贷款。

奉行“不干预主义”的美国这样做一定是有原因的。

第一条也还罢了，美国降低利率一定会吸引黄金回流英国。第二条，明知英法两国没有资金，为其提供低利率贷款，才好购买美国产品？

第一，能消化过剩的产能；第二，能让国内实体企业资金回笼更快；第三，即使赖账也是未来才可能发生；第四，也是最重要的，必须用美元贷款、必须用美元结算。世界各国都到美国纽约来借钱，纽约作为一个新的国际金融中心开始巍然而立，伦敦反倒相形失色！

如果顺着这个思路，美英双方继续暗战。英国在丧失经济实力的情况下早晚会让位给美国，美元也早晚会登上世界货币的位置。

就在这时，**1929年，全球大危机来了，双方从暗战改为明战、从文争改为武斗**！

所谓“武斗”也不是双方兵戈相向，而是各自拉拢盟友，

试图彻底在国际货币舞台上取代对方。

1934年，美国联合菲律宾、加拿大和拉丁美洲一些国家组成美元集团与英镑集团形成直接抗衡。从这个时候起，不断有国家加入美元集团，因为英国外汇管制实在是太严格了，根本换不到黄金，英镑集团势力越来越弱。1939年第二次世界大战前，美元集团变成了美元区，涵盖了美洲绝大部分国家，为之后美元占领全球奠定了基础。

1939年第二次世界大战爆发，战前美国经济总量占全球36%，西欧经济共同体（含英国）只占全球35.6%，美国已经略强于西欧；第二次世界大战期间，美国是唯一本土没有被战火波及的参战国，维护了平稳的工业生产，民众生命财产基本没有因为战火而损失；二战结束，无论盟国还是法西斯，英、法、德、意、日全都成了废墟，只有美国经济总量上升至全球54.8%，西欧共同体合并计算也只有22.6%。

美国，真的成了全球的半壁江山！

当第二次世界大战进行到1941年，美国开始为全世界提供军火。全世界的军火买卖都在美国进行，当然要用美元结算，究竟货币体系怎样设置也要听美国的。当年8月，美、英两国签署《大西洋宪章》，此时美国领袖西方世界的意图已经一览无余，且包括英国在内的主要西方国家都已无奈地承认现实。

创立一个属于美国的世界不是那么容易的，由于支付习惯等原因，突然再换另一种货币，还是需要一段时间的。

1943年雅尔塔会议之前，英镑仍是世界主要货币，全球40%

的国际贸易用英镑结算。如何建立起有利于美国的新国际货币体系，最终让美元取而代之，美国人一定动了很多脑筋，于是**他们想到了一个新点子——布雷顿森林体系！**

三、布雷顿森林的间谍战

作为战胜国，英国首相丘吉尔在回忆录里这样描述雅尔塔会议："我的一边坐着巨大的北极熊，另一边坐着巨大的北美野牛。中间坐着的是一头可怜的英国小毛驴。"

很少有人知道，雅尔塔会议之后这头可怜的英国"小毛驴"与北美"野牛"为了争夺世界货币领导权又发生了一次争斗——已经不是一个量级的争斗。

在布雷顿森林会议上，英国"小毛驴"试图维护最后的面子，关于战后重建提出"凯恩斯计划"，也就是为世界各国提供英镑信贷，帮助欧洲完成战后重建。但是，更关键的是英国想借凯恩斯计划削弱黄金在货币中的作用，力主恢复多边清算，取消双边结算。

凯恩斯计划提出了一个大胆的设想：成立国际清算同盟，发行一种全世界统一的货币，取代世界货币英镑和美元。至于国际清算同盟领导，就按二战爆发前三年的进出口贸易平均值计算。如果按照这种计算方法，二战前美国贸易额根本无法主宰全球货币，同时，英国名义上只能获得世界货币份额的16%，也没有绝对发言权。

真相不是这样的，当时整个英联邦（英国和英国殖民地）贸易额汇总计算，按照凯恩斯的算法占比为35%，是绝对有利于英镑的。更为关键的是，设立世界货币，各国之间无须清算黄金，黄金也就

不可能再起到世界货币的作用，美国也就失去了叫板英国的资本！

如果成立国际清算同盟，英镑将在英国耗尽黄金储备的条件下依旧成为世界货币。这句话的另外一个意思是：美国二战期间赚到的钱等于白赚！这已经不是和美国分享领导权的问题，而是根本不想放弃国际货币老大的位置！

至于谈判代表，英国派出的人物居然是大名鼎鼎的凯恩斯！

凯恩斯一战后出版《和平的经济后果》（*The Economic Consequences of the Peace*），早已奠定了他“当代经济学之父”的位置，二战后所出版的《就业、利息和货币通论》（*The General Theory of Employment,Interest and Money*）不仅仅是当代经济学的灵魂，也是美国罗斯福新政的经济学理论根基。

单纯就个人魅力和影响力而言，在宏观政策领域，凯恩斯是当之无愧的权威。

我们可以想象美国人面对这位教父级人物的感觉，英国谈判团队副手罗宾斯（Robbins）这样回忆当时的场景：“我常常想，凯恩斯一定是最了不起的人物之一，逻辑思路敏捷，有老鹰扑食的那种直觉、生动的想象力、宽广的视野，而最重要的是他用词精确，所有这些素质的结合使他比普通人要高出一筹……美国人坐在那里，对这位神仙一般的来访者的歌唱如痴如醉，仿佛他周身都是金色的光环。”

但是，国际金融市场谈判，不可能靠个人魅力和外交手段。

为了维持战争经费，英国在庞大的殖民体系中购买资源、粮食和工业原材料，当然，不是以黄金而是英镑。正是由于这种行为，英国无限透支了国家信用，英镑发行过度，殖民各国积累了大量的英镑，英国又不肯将英镑自由兑换为黄金。

英国试图在全球建立英镑体系，替换黄金的作用，但是，国际政治经济舞台本来就是以利益为根本，这种不靠谱的建议有谁会听？

没有实力，特别是没有经济实力，什么事情也做不成，在国际舞台上更是如此。**两国经济实力相当，国际货币才是力量；两国经济实力悬殊，实力才是国际货币！**

针对英国提出的凯恩斯方案，美国针锋相对提出了“怀特计划”。怀特是当时的美国财政部长助理，凯恩斯尊称他为“政治上的高级拉比”，意思是一个智者。

“怀特计划”很实用，简单说，就是由美国出面组建并控制“联合国平准基金”。在平准基金中，会员国货币可以“盯住”美元，但美元盯住黄金，实际就是全世界放弃金本位，转而推行美元本位。最致命的一条，怀特计划提出，应该取消外汇管制和各国对国际资金转移的限制！

英国不可能具备向全世界兑换黄金的实力，这是英国最大的软肋！

如果是你，你会选择谁？

很多人一定会问，英国是当时世界货币的霸主，如果它坚持不肯让位，不同意美国的怀特计划，美元肯定无法坐上世界货币霸主的宝座。

为什么英国不这么做？

当时，英国人也分成两派，其中一派坚持不肯屈服。但是，以凯恩斯为首的另一派认为：必须把美国纳入西方国家框架之内，否则，西方国家可能很难对抗蓬勃兴起的前苏联，与美国站在一起是西方世界长期和平与繁荣的保障。更关键的是，如果与美国谈判破裂，谁都不知道会不会像热那亚会议一样，最后前苏联和美国达成一致意见，那么西方国家将更没有话语权了。

事实证明，这种担心不是全无道理的。

当时，美国代表团怀特计划的提出者怀特与前苏联方面举行了官方会议，会后美国联邦调查局（FBI）对此展开调查，将怀特这次会晤指控为间谍活动。1948年，这项指控被提交众议院“非美活动委员会”，当然，怀特在辩论中坚决否认自己是共产党员，并于会后三天死于心脏病。

真相已无从得知，1944年7月22日，44个国家的代表在历经22天激烈争论之后终于签订了《国际货币基金组织协定》，IMF诞生了。

布雷顿森林会议是有遗憾的。当时，无论凯恩斯计划还是怀特计划都提出要组建世界货币，其中，怀特计划提出的国际货币不叫SDR，而是“Unitas”，即“尤尼他”。遗憾的是，世界货币的灵魂人物凯恩斯身体状况极为糟糕，怀特并不真心热衷于此。会议赋予凯恩斯组建世界银行的重任，凯恩斯被大量筹建的繁杂事务缠住了，44个国家、44种语言，大量法律术语讨论，使得这位原本身体欠安的泰斗人物第一周就病倒了。

《凯恩斯传》（*John Maynard Keynes:1883—1946; Economist,Philosopher,Statesman*）的作者斯基德尔斯基（Skidelsky）

在书中这样描写当时的情况："凯恩斯的那种敏锐的头脑既让怀特感到佩服，也让他感到有必要加以抵制，因为凭凯恩斯的智力足以设下种种陷阱，一不小心就会掉进去，凡是读过凯恩斯《和平的经济后果》一书的美国人总是担心他们会上英国人的当"。

害怕掉进陷阱，又很难分辨，怎么办呢？于是，凡是敌人支持的我们就反对，国际货币的提议在布雷顿森林体系中流产。否则，今天国际货币体系可能完全是另外一个局面。

1944年布雷顿森林小镇，就在这个名不见经传的小镇，世界货币霸主易主了。从布雷顿森林小镇走来，美元，成为世界上唯一强大的国际货币！

第四节 坠落的星条旗

一、崩溃的命定

在布雷顿森林会议上，美国最终凭借强大的国力和黄金储备战胜了英国，从此美元的江湖地位已经无可撼动。

《布雷顿森林协议》，一个貌似很复杂的体系，其实一句话就能说清楚：**美元与黄金挂钩，其他国家货币与美元挂钩，美元成为世界唯一与黄金一同作为储备资产的货币，即以美元和黄金为**

基础的金汇兑本位制。

世界各国的货币与美元保持可调整的固定汇率，为了保证货币汇率的稳定和资本流动的有序性，成立了由美国主导的国际货币基金组织和世界银行两大国际组织。

从两家国际机构诞生之日起，美国便左右了国际货币基金组织和世界银行，认缴额和投票权占20%以上。协议规定世界银行、国际货币基金组织的所有重大决议都需4/5多数票赞成方能有效，实际上就是美国有绝对控制权。妥协的另一个结果是英国争取到了5年过渡期，英国如果5年内有起色还能凭借国际贸易中的结算占比优势反戈一击。会议要求，美国对其他国家发放贷款不得附有购买条件，其他国家接受美元援助后也可以在全世界范围内任意选择商品购买。

英美之间出现如此大的妥协，归根结底在于大萧条时代的英美互战使得各国货币竞相贬值，经贸关系相当混乱，这甚至也是第二次世界大战爆发的理由之一。在国际货币这件事儿上，西方国家达成了一种共识：世界需要确立稳定的多边自由汇兑体系，底线是必须达成协议。

与西欧水火不容的前苏联代表在布雷顿森林会议上发言：各国货币的稳定，世界贸易的扩大，国际收支的平衡……所有这些渴望对于组织战后世界、维护并加强世界和平与安全均具有重要意义。

在世界历史上，布雷顿森林体系建立的意义不仅仅在于国际货币稳定，更重要的是全球主要国家开始放弃全武行，步入有规则竞争和制度化合作的新阶段。

二、永别了，黄金

事实上，美元从登顶国际货币第一天起，就面临着崩溃的命定。岂止是美元，包括人民币在内，谁登顶都会面对三个问题：特里芬魔咒、内外平衡冲突和不可能三角，三个问题中“特里芬魔咒”最重要，到现在为止仍旧是一个根本无法解决的难题。

凯恩斯在《货币改革论》（*A Tract on Monetary Reform*）中谈到，实现经济中的内部均衡和外部均衡是经济政策制定者的两大目标，前者旨在保证经济中通货膨胀率的稳定和实现充分就业，后者旨在维持汇率稳定和国际收支平衡。但是，这两大目标往往难以同时实现，要在国际货币体系中维持汇率的稳定，就会或多或少地牺牲部分内部均衡，即国内可能面临通货膨胀或失业等问题。

布雷顿森林体系是固定汇率，在这一制度安排下，美国一方面需要维持美元与黄金的固定汇率比价，即保证经济的外部均衡；另一方又在布雷顿森林体系建立后不久通过了《充分就业法案》，希望能够维持经济的内部均衡，二者之间难以调和的冲突与矛盾很可能是布雷顿森林体系在短时间内崩溃的重要原因。

在经济学上，特里芬魔咒是公理性的，后来，很多人用数学方法去证明这些结论。我们换一个比较简单的说法：在某一个确定的时点，世界上的货币化黄金储备总量是一定的，不可能无限度增加；但是，经济总量却一定是无限度增加的，最后必然是通货紧缩，国际货币体系早晚崩溃。

一句话：大家都拿着美元去找美国兑换黄金，美国再有钱也

受不了！

1956年，美国黄金储备价值219亿美元，国际承兑义务超过承兑能力65亿美元。1957年美国国务院致函联合国："显而易见，如果将全部外国流动的美元兑成黄金，而法定储备需要又保持不变，我国的黄金储备将是不充足的"。（SDR就是这个时候诞生的，发行时与美元等值，不能兑换黄金，其实是为了帮助美元承担国际货币职责。）

以美元作为核心的国际货币体系迟早要崩溃。第一个不配合的是欧洲、日本。1970年，美国开始推行宽松的财政政策刺激经济，结果，欧洲和日本同时提高利率吸引美国宽松的资金，导致全世界大机构提前归还美国银行业的贷款，然后再把资金投入欧洲和日本。就在宣布刺激经济政策的当年，美国国际收支赤字就达到了98亿美元。

1971年8月，尼克松（Nixon）抛出"新经济政策"，从此公开停止向全世界以美元兑换黄金的承诺，并额外提高10%的关税，欧洲和日本立刻陷入了极为尴尬的地步。一方面，美元停止兑付黄金；另一方面，本国汇率面临暴涨的压力。

一旦汇率暴涨，出口将受到严重影响。

最终，欧洲与日本举起了白旗。1971年12月，英、法、日等九国对美国签订了"不平等条约"——《华盛顿协议》：美元黄金官价由每盎司35美元提高到每盎司38美元，欧洲、日本货币升值，它们与美元汇率不再完全盯住，而是扩大了浮动空间。

《华盛顿协议》解决不了特里芬魔咒、不可能三角和内外均衡冲突问题，美国和全世界仍旧面临着原来的问题。

原本美元是世界所有国家货币的锚定，在金本位下根本不应该浮动。但是，美国很快就把汇率浮动变成了常态。美国的经济是均衡了，但是全世界其他国家都难以忍受，要想彻底解决这个问题必须国际货币多元化，一场新的大变革在所难免……

核心货币经常浮动，长此以往，布雷顿森林体系已经名存实亡了。

世界总是发展的，旧体系灭亡必定有新体系诞生，布雷顿森林体系完了，牙买加体系来了。时至今日，国际货币依旧在牙买加体系之内。

随着布雷顿森林体系的逐步瓦解，世界各国也在讨论和探索国际货币体系制度的新一轮改革，试图建立适合新的发展要求的世界货币体系。在这一背景下，国际货币基金组织于1976年1月在牙买加召开了会议，世界各国协商签订了一份新的条约《国际货币基金协定第二次修正案》，史称“牙买加协定”，于1978年4月1日起正式生效。

简而言之，牙买加体系其实就一条：推动黄金的非货币化，允许浮动汇率制和固定汇率制同时存在。

马克思曾说过：金银天然不是货币，但货币天然是金银。但是牙买加体系里，黄金不再是黄金了。

货币天然是金银，没有黄金怎么办？

答案特别简单：没有黄金，那就不要用黄金。

任何一个社会经济体内都必须有足够的钱，如果没有足够的钱，同时出现通货紧缩、货币变得越来越值钱，那么这个社会经济体将面临崩溃的威胁。

最典型的故事就是中国明末，原本资本主义已经萌芽，由于种种原因，来自海外的白银枯竭了，堂堂大明帝国由此走向了衰落。请注意，是没货币了，并不是没有财富。一个没有货币运行的经济体，就如同被人抽干了血液的人，根本无法存活在世界上。

财富不是明明摆在那里吗？仅仅没货币怎么可能导致经济大萧条？

黄金之所以能成为货币，是因为体积小、易分割、价值高。在人类刚刚走出洪荒的时代，除了黄金其他所有产品的产量都很小、都很值钱。所以，黄金可以承担货币的职责。随着经济发展，很多贵金属变成了普通金属，比如，当年比黄金价格还要高的铝，比黄金价格稍微便宜点的白银。但是，黄金的生产手段始终没有出现核心的变化，还是那么值钱。

黄金没有变化，世界生产却产生了极大变化，当年能产多少粮食，现在能产多少粮食？当年汽车多少钱一辆，现在汽车多少钱一辆？

如果不废弃黄金，就只能眼睁睁看着全球经济像一个失血过量的病人，极为痛苦地挣扎。

我们说过货币是经济的血液，各种商品随着血液流动流转到全球各地。理论上可以通过降低物价来提高单位黄金承载商品的能力，实际上根本行不通，这是一个心理问题：给你的钱多了，你自然就敢花钱了，哪怕只是名义上的；给你的钱少了，谁也不敢花钱，哪怕实际的钱更值钱了。

这是人性的问题，是经济学理论计算解决不了的。

如果以黄金为本位的货币出现通货紧缩，每一个人的预期都会改变，最终的结果必然是全球经济大萧条。

所以，永别了，黄金！

三、末路狂花

牙买加体系突破了布雷顿森林体系以美元和黄金为基础的金汇兑本位制，加上浮动汇率体系的放开和发展，给全球经济体注入了新鲜血液，促进了全球经济增长。

但是，牙买加体系并非一劳永逸，这个体系的核心制度尚未完善——废弃布雷顿森林体系，只能说是医得眼前疮，剜却心头肉！

鉴于美国领先全球的科技、经济实力，美元始终是最重要的世界货币的核心。牙买加体系并没有完全根治布雷顿森林体系下的“绝症”，旧瓶换新装，牙买加体系下美元仍旧是世界货币体系的核心。

牙买加体系初期的国际货币体系几乎没什么变化，所有国家货币浮动汇率只针对美元；后期一国货币对某一货币篮子，然而货币篮子中美元的权重也是相当地高。全球2/3的国际贸易以美元结算，尤其是最重要的大宗商品——石油，谁掌握了石油，谁就掌握了财富；谁掌握了石油定价，谁就可以掌握货币。

最不可靠的是混合汇率体系，牙买加协定下有浮动汇率、有固定汇率，具体用哪种方法全凭自己的意愿，改变汇率制度安排只需要“修改日之后30天内把打算采用的外汇安排通知基金（IMF）”。

浮动汇率与固定汇率并存，这极易导致各国争相增发货币、全

球通货膨胀，但实体经济增长缓慢。据国际货币基金组织的不完全统计，从1971年到2009年的近40年间，全球储备货币总量增长了近300倍。与之形成鲜明对比的是，世界各国实体经济增速大幅放缓，说明庞大的货币供应量在很大程度上未能流向实体经济，只有少部分为实体经济提供了流动性，却伴生了严重的通货膨胀和货币贬值。

如此，牙买加体系等于打开了潘多拉魔盒，为国际炒家留下了攻击空间：对赌汇率变动。本币真实汇率背离实际情况，当贬值而不贬值、当升值而不升值，两者都会引发热钱对赌汇率变动，进而引发经济危机，比如，20世纪80年代的比索危机、90年代的东南亚金融危机。

2003年世界银行对全球金融危机的数量进行了统计，1970—2000年的30年间，全球共有93个国家发生了117次金融危机。频繁发生的金融危机消耗了各国大量的财政支出，绝大多数超过国内生产总值的3%，并有至少7次超过10%。

在牙买加体系下，危机的始作俑者只能有一个——处于核心地位的美元！

在美元本位制和浮动汇率制下，其他国家以真实财富换回美元，又以极低的利率借给美国使用，从而帮助美国创造了多倍的信用，导致美元几乎可以无限度地扩张为全球基础货币。对其他国家而言，这种不对称性和不公平性将使它们不得不面对反复的泡沫破灭的周期趋势，无奈地替美国承受经济波动带来的伤害。

当然，世界没有一个国家能解决特里芬魔咒，也没有一个国家可以克服内外均衡冲突和不可能三角。

第7章

巅峰之战

是故百战百胜，非善之善者也；不战而屈人之兵，善之善者也。

故上兵伐谋，其次伐交，其次伐兵，其下攻城。攻城之法，为不得已。

故善用兵者，屈人之兵而非战也，拔人之城而非攻也，毁人之国而非久也，必以全争于天下，故兵不顿而利可全，此谋攻之法也。

——《孙子兵法》

第一节 “核”平英镑

一、英镑的“黄花”

一张张纸币，框起来一个个天地，将一个民族的历史编好了年月日期。

英镑之上凝结着撒克逊人的辉煌与历史，D序列英镑上的人物按照5、10、20、50的面值顺序分别是击溃了拿破仑的威灵顿公爵阿瑟·韦尔斯利（Arthur Wellesley）、现代护理事业的创始人弗洛伦丝·南丁格尔（Florence Nightingale）、剧作家威廉·莎士比亚（William Shakespeare）、建筑家克里斯托弗·雷恩（Christopher Wren）。E序列旧钞的名人是蒸汽机车的发明人乔治·史蒂芬森（George StephenSon）、文学家查尔斯·狄更斯（Charles Dickens）、科学家迈克尔·法拉第（Michael Faraday）和英格兰银行第一任行长约翰·胡布隆（John Houblon）……

整个大不列颠岛上的人都有着强烈的“英镑情节”，在英国人眼中，英镑把英国历史上最辉煌的片段都展现给了世人，英镑早已不单是一种货币，可能也是这个原因让英镑缺席世界上第一种区域性货币——欧元。我想，也是这个原因，最终英国在2016年的全民公投中离开了欧盟，为本就灰色的当代世界经济增加了不确定性。

英镑之威始于牛顿（Newton）。

牛顿，您一定知道，他看到树上掉苹果就想到了万有引力，是一个科学天才。牛顿是经典物理学和微积分的创始人、当代物理学与高等数学的奠基人，人们为此而永远记住了他。但是，牛顿的正式职业并不是科学家，而是皇家造币局的局长，大概相当于我们目前的央行行长。更有意思的是，牛顿这位非著名金融学家奠定了英镑金本位的地位。

1719年，皇家造币局局长牛顿公爵规定每盎司黄金价值3英镑17先令10$\frac{1}{2}$便士，真心不知道牛顿先生是用怎样的数学方法算出来这个复杂的比例的。

从此，世界进入了英镑时代。

在英镑领导世界的近三百年里，英国先后彻底击溃了西班牙、荷兰、法国和俄国，进行了世界上第一次资产阶级革命，启动了第一次工业革命，成立了世界上第一家中央银行，其殖民地疆域遍及全球，成为世界上第一代真正意义上的“日不落帝国”……

在20世纪前叶，英国凭借工业革命之威、高效的公共信用和货币体系、举足轻重的金融市场、旨在稳定汇率的金本位制度，加上数百年英镑黄金之间从未打破的联系机制，使自己的英镑成为领导世界的货币，英国伦敦也成为当之无愧的全球第一国际金融中心。

虽然二战之后英国承认了布雷顿森林条约，接受了美元世界霸主的地位。但是，对一个有着如此辉煌历史的国家，让它轻易交出世界货币控制权、交出世界货币的皇冠，从举国政要到普通民众，显然是不太可能一下就接受的。

二、苏伊士运河之争

不战而屈人之兵，善之善者也！

二战后的国际舞台，美国和英国的矛盾逐渐从暗斗到了明争，导火索是1956年埃及宣布苏伊士运河国有化。

这场运河国有化运动直接导致了苏伊士运河战争，即第二次中东战争。苏伊士运河战争又称西奈战役，交战双方是英法联合以色列对阵埃及，前者试图夺得苏伊士运河的控制权。战争从1956年10月29日打响到11月6日停火，不到十天就结束了，不是英、法、以色列打不过埃及，而是**因为美国在这次战争中第一次使用了“货币核弹”**！

二战之前埃及先后是法国与英国的殖民地，从1859年开始数十万人花了10年时间才修成苏伊士运河，苏伊士运河打通了地中海与红海，在此之前欧亚两洲航线必须绕道好望角，运河的开通至少缩短了6 000公里的航线。

这条欧亚生命线自开通后始终控制在英法两国手中，运河公司96%的股权被英法殖民者掌握，当然，运河带来的大量利润被掠夺，整船的财富源源不断地运往伦敦和巴黎的银行。更重要的是，苏伊士运河在战略上具有很大的价值，有了它，英法两国甚至可以卡住美国石油运输线，苏伊士运河一直是帝国主义在中东争夺的一个重要目标。

埃及作为殖民地的时候受制于殖民者。第二次世界大战结束后的1952年，埃及民族解放运动兴起，它摆脱了殖民控制，建立了属于自己的共和国，但苏伊士运河仍归英法所有。1956年7月26日，埃及总统纳赛尔（Nasser）在亚历山大解放广场向民众宣布，从此，苏伊士运河公司收归国有。

为此，埃及人民热烈欢呼！

今天一条最普通的高速公路收费权都非常值钱，因为能以此融资，比如，以收费权抵押贷款、把今后几十年的收费打包卖出去。苏伊士运河是全世界的交通枢纽，欧、亚、非三大洲的船只都得从那里经过（那个时代航空运输并不发达），这收费权的价值无法估计。

1955年，苏伊士运河的过路费总收入1亿美元，可怜的埃及政府只有几百万美元的进项，其他全部成为英美投资人的股金分红。

埃及宣布运河收归国有之后，英法政府立即宣布冻结埃及在英法两国的存款和运河公司基金，同时下令本国商船在运河通关时拒绝交过路费。

英法两国商船带头不交过路费，其他国家商船自然效仿。埃及当然不会接受，调集兵力把带头闹事的英法通行船只全部扣押。

英国首相艾登（Eden）公开宣称，如果听任纳赛尔挑战西方权威，西方世界将完全失去中东的石油，因此必须“迅速采取任何可能的军事解决办法”。10月22日，英、法、以三国发布联合声明，决定军事介入埃及，企图迫使纳赛尔政府垮台。

英法等老牌帝国主义国家处理国际事务的方式仍旧简单、原始、粗暴——军事行动——就像当年掠夺、管理殖民地。

10月29日，以色列为先头部队侵入埃及，悍然对一个主权国家开战。当时埃及全国只有15万军力，能升空作战的战机仅有百余架；以色列方面本就兵强马壮，又有英法做支援，打败埃及只是轻而易举的事儿。

英法明明和以色列联盟，在开战同一天却假惺惺以“保护”运河为由，向埃及政府发出最后通牒，要求埃以双方立即停火，各自从运河两岸后撤10英里。如果任何一方在12小时内不答应上述要求，就将进行军事干涉。

仅仅一天之后，英法出动空军开始空袭埃及战略要地！英、法、以色列对阵刚刚民族独立的埃及，这样的结果是不用猜的，一定是埃及败北。

然而，最后的结果却绝对出乎所有人的意料。英、法、以色列居然战败了，最后退兵，偃旗息鼓。

三、不战而屈人之币

为什么英、法、以联军会在这次战争中败北？首先是这种侵略战争太不得人心了，其次就是英法完全没看清形势，自己独霸世界的日子早就一去不复返了。

二战后英镑始终处于危机状态，信用岌岌可危，整个西方世界的货币都在向美元靠拢。为此，1949年英国政府被迫宣布英镑贬值，英镑兑美元的汇率从4.03美元跌至2.80美元，跌幅达30.5%。即使如此，没有美元支持，英镑也已经根本不可能维护金本位，一旦英镑连2.80的汇率都扛不住，英国将名誉扫地，沦为三流国家。

实际上，英国因苏伊士运河事件发动战争，更深层次的原因是出于经济和金融的考虑。当时，英国的外汇储备已经临近最低安全水平——20亿美元。而苏伊士运河的关闭不仅会增加航运成本，而且提高了进口石油的价格。长此以往，市场会加强对英国能否维持住1英镑兑2.80美元的汇率的担忧。

如果苏伊士运河继续被自己掌控，情况就完全不一样了。

英国政府当然不会在没考虑自身经济状况的前提下贸然发动战争，事实上，就在战争爆发前的一个月英国财政大臣麦克米伦（Macmillan）曾赴美国参加国际货币基金组织会议。麦克米伦与美国高层进行了广泛接触，提及了很多财政金融方面的问题，但是，他的身份是财政大臣，从来没有开诚布公地询问埃及民族运动的事情。麦克米伦错误地预判，如果英国对埃及动武，美国最多在公开场合口头表示一下反对，不会真的对英国动手。

不过，这一次英国想错了。在没有正式通知美国的情况下，英、法、以就对埃及开火了。结果是，10月30日，美国向联合国递交提案，反对这场战争，要求英、法、以停火。英法的反应是在联合国大会动用了一票否决权，否决了这次提案。

这个时候，美国的总统是艾森豪威尔（Eisenhower），为了赢得下一届大选，他必须维护自己热爱和平的形象，当然是不能直接出兵干涉苏伊士运河战争。

那应该怎么办？

答：动用美元这种最犀利的武器，在国际金融市场逼迫英国就范。

显然，此时英镑已经没有依靠，唯有求助于美国。在美国的支持下英镑兑美元的汇率才维持在1∶2.80，如果英国无法从国际货币基金组织（或美国）那里获得帮助，这一汇率将无法维持。

维持不住汇率的后果是极其严重的，一批西方国家会果断切断本币与英镑的联系，英国的外汇储备极有可能会在短时间内被耗光。

英国曾经对获得国际货币基金组织的支持充满信心，但美国国务院却警告，可以为英镑提供贷款支持，前提是英国军队必须承诺从埃及和苏伊士运河撤离。

11月2日，英国在联合国大会上对提案投反对票；11月5日，美国财政部长与美联储正式下达了作战命令：美联储纽约分行开始在国际金融市场抛售英镑，仅仅一个交易日英镑就贬值15%。同时，英法非但没从美国得到任何援助，英国在国际货币基金组织的贷款申请也被美国否决了，中东石油应急委员会对英法实施的援助也因遭遇美国的干扰而夭折。

以英国当时的实力完全可以忽略来自国际方面的制裁，但是，英国无法对汇率暴跌视而不见。要知道，在金本位制度下单位英镑兑换固定黄金，汇率暴跌，单位美元可以换更多英镑，如果这时大家都拿着用美元兑换来的英镑去换黄金，英镑体系不就崩溃了吗！

11月6日，英国内政大臣拉博·巴特勒（Rab Butler）打电话向美国财政部长乔治·汉弗莱（George Humphrey）寻求援助，要求美国援助英镑以维持汇率。

这不是与虎谋皮吗？

乔治·汉弗莱的答复直奔主题，毫不掩饰地道明："如果你们不按我们在联合国提出的要求，'在埃及停火'，美国总统将无法帮助你们。"

"这是勒索！"拉博·巴特勒非常愤怒。

匹夫之怒，以头抢地尔！

在国际金融市场，愤怒是无效的，现实是严峻的。乔治·汉弗莱发出了最后通牒："要么立即停火，要么在国际金融市场让英镑接招。除非英国接受停火协议，否则美国将切断国际货币基金组织给英国贷款的渠道，商业银行不会提供任何贷款，美联储更不会维护英镑汇率！"

英国该低头的时候也只好低头。11月6日下午5点，英、法、以宣布在当日午夜停火，苏伊士运河战争仅仅持续了6天。

国际金融市场是24小时交易，英、法、以宣布消息的同时，

美联储停止了抛售行为，英镑汇率得以稳定。

但是……

停火并不意味着撤兵，更不意味着英、法、以放弃苏伊士运河的利益。只要我不撤兵，这条价值亿金的运河依然会在我手中。

英国人在谈判桌上跟美国人打起了太极，说自己接受美国提议撤兵，比如先撤退一个营……英国当然知道这种毫无诚意的谈判会惹恼美国，接下来，又承诺自己准备撤兵，而且正在动员，只是撤兵日期没有最后定下来……

不是没有最后撤兵日期吗？

美国没有办法定下英国撤兵的日期，却可以给英国定一个英镑汇率下跌的生死期——12月4日，英国财政部必须公布外汇储备情况的月度数据。在此之前如果英镑得不到实质性帮助，将一定被打破1：2.80的生死线。当时，英国黄金和美元储备总和已降至20亿美元以下，如果这样的数据公布出来，英美之间又没有任何实质性援助协议，毫无疑问将会引发新一轮的英镑挤兑事件。

迫于英镑贬值压力，英国政府公开向美国表明了撤军承诺，但仍表意含糊："已经决定准时撤离，而且我们也准备准时撤离"。

这种毫无诚意的承诺美国当然不会满意，为了稳定英镑，英国必须来借钱，美国方面的回应是：沉默是金，因为财政部长休假了，无人可以做出决策。

整个市场都知道英镑要跌破生死线了，再这样下去英格兰银行就该遭到挤兑了。12月2日，英国内阁通知美国方面，12月22

日将是撤军的最后时限。

第二天，美国财政部长乔治·汉弗莱神奇地结束了休假，表示国际货币基金组织将全力支持稳定英镑汇率，批准了英国提取13亿美元的贷款，英国终于拿到了这笔救命钱。这次较量，英镑完败。

苏伊士运河之战，美元第一次使出“汇率核武器”，轻易战胜了前任霸主英国。第二次世界大战结束后，冷战形成于欧洲大陆，作为世界霸主，新任老大远隔重洋必须找一个代言人，德国分裂为两个国家、法国政府每天都在呼吁恢复金本位（至今法国政坛持有这种观点的仍大有人在）。这种情况下，大不列颠及北爱尔兰联合王国自然成为美国最佳的盟友。

苏伊士战争让英国政坛迅速认清了这一点，后来，麦克米伦酸酸地说：“大不列颠向来是海洋的统治者，能够决定欧洲和整个世界的命运，那个时代已经过去。英国在国际问题上再也不能以一种独立的姿态出现了。”

第二节　三战欧元

一、消失的国界

从经济总量、科技实力、产业实力等多方面来看，目前有

可能挑战美元世界霸主地位的货币有两种：欧元和英镑，最具备可能性的就是欧元。欧元从诞生之日起就在世界货币排名第二，当然会成为美元的“眼中钉”。

美元与欧元经历了很多次龙争虎斗，欧元不但没能撼动美元世界货币霸主地位，反而被美元反复“折腾”，照现在的趋势，大有解体的迹象。

欲了解欧元与美元争霸，先要了解欧元的前世今生。

欧元是人类历史上最特殊的一种货币，因为它不是某一个国家发行的，欧盟国家放弃了货币主权，统一了货币，缔造了人类历史上第一个超主权货币——欧元。欧元诞生于童话的世界，也像无数童话结尾一样描述未来世界：人类再也没有种族、没有国界，大家平等地坐在一起。

欧盟最初由11国组成，人口2.9亿，占世界经济总量、国际贸易的$\frac{1}{5}$，11国共同放弃铸币权的第一目标当然是抗衡美国，但其震撼程度却远远超越了这个简单的目标。11个国家可以放弃被视为主权的铸币权，普通公民对欧洲理想和制度的认同将空前增强，经济一体化将再次飞跃。

欧元让人类看到了一种可能性：将来或许有一天，全世界将统一成一种货币，世界将真正大同。

第二次世界大战结束后，1950年9月1日，欧洲支付联盟成立。这是一家由欧洲16国发起，为解决欧洲国家间的货币结算以及各国货币的自由兑换问题成立的支付组织，也是欧盟的前身。

1958年，为推进欧洲贸易自由化、要素自由流动和市场统一，欧洲成立了“欧洲经济共同体”，也是欧盟的前身。从此，欧洲人开始意识到统一的欧洲对所有人都有好处，符合整个欧洲的利益，开始“用同一个声音说话”。

1970年，欧共体通过《维也纳计划》，第一次提出统一欧洲货币——欧元，希望组建欧洲货币联盟。

1991年，欧洲经济与货币联盟的协议——《马斯特里赫特条约》(简称《马约》)正式由欧共体12国通过，决议最迟将在1997年1月成立欧洲中央银行，同时1999年1月1日将正式启用欧元。1997年6月，《阿姆斯特丹条约》由欧盟15国通过，明确提出分阶段启动欧元及欧洲货币联盟。

2002年1月1日，欧元正式发布，成为有形货币，并迅速在欧元区内流通，取代了原本在欧元区内流通的12种本国货币。至此，欧元成为了一种合法的国际货币，开始跨国流通。

二、首战科索沃：美元的进攻

1999年1月1日，欧元作为全世界第一个跨国界的货币登上了历史舞台，欧盟从政治联合走向经济联合。

最不希望欧元在这个世界上出现的肯定是美国与美元。当时曾经有人预言欧元诞生将摧毁以美元为主导的世界货币体系。根据当时的统计数据，欧盟15国GDP总和是经济合作与发展组织(OECD)的38%，而美国只有32%。

实力对比之下，欧元取代美元坐上世界货币霸主的宝座是完

全有可能的。对敌人一定要无情，美国上下大动其手，差点把欧元谋杀在襁褓中。欧元对阵美元，双方从国际金融市场转向了真正的战场，美国发动了一场削弱欧洲、阻止欧元成长的霸权战争，即科索沃战争。

明打科索沃，暗打欧元。

1999年，欧元真正出现之前，美国正在经历一波异常的繁荣：1995年以来美元持续坚挺；股市高奏凯歌，涨幅在1倍以上；1997年经济增长率高达3.8%，以美国的基数和增长质量来说这绝对是一个了不得的数字；失业率仅为4.7%，为24年来最低；通货膨胀率却仅为1.8%，是35年来的最低点。人们甚至惊呼，克林顿任期内创造的新经济打破了经济学定律，实现了经济增长与低通货膨胀率并存。

有人说，美国的高科技产业、信息产业就发轫于新经济时代，是高科技与劳动生产率提高创造了当时的经济契机。

然而，真相是这样吗?

1995—1999年，美国高科技产业占全部GDP的1/3，但还不是经济的主体，劳动生产率平均年增幅也只有1%～1.5%，用于解释如此强劲的繁荣有点牵强。在经济指标统计中，美国出现如此异常的数据被称为“奇异值”，意思是一定有极其特别的因素在作怪，异常波动必定有异常的原因。

这个因素就是即将产生的欧元。

1992年索罗斯攻击英镑，迫使英镑退出欧洲货币体系，这场货币战争给英国人带来了惨痛的回忆。

出于对欧元币值稳定性的担心，欧盟各国本国居民及海外投资者难以把握欧元后面的走势，欧洲大陆的财富为回避风险，纷纷用美元来保值，大量资本涌出欧洲、来到美国。

由此，欧洲大陆诸国货币在1995年后对美元开始大幅度贬值，引起欧洲大陆一个奇怪的现象。欧盟为了统一货币，严格限制成员国推行积极的财政政策，这样的货币绝对应该升值，欧盟却因为资本外流导致了大幅贬值。

美国和欧洲历来是世界资本的投向地，也是世界资本的避风港，1995—1999年的货币反流导致全球资本分布的区域结构产生了重大变化，为美国“新经济”提供了巨大的资本。

异常繁荣对一国经济绝非善事，就算美国也是如此。天下大事，物极必反，阴极生阳，阳极生阴……

1997年美国股市总体市盈率已高达27倍，1998年上升到35倍，1999年一季度，科索沃战争之前，已高达38倍。

这绝对是一个无法持续的数字。

从股市收益来看，1995年美国股市健康发展，那时投资者收益有46%来自上市公司分红，另外54%来自资本利得。到了1997年，美国股市投资者收益的99%来自资本利得，也就是说来自股市上涨，利润分红几乎可以忽略不计。计算机产业成了美国人民心中的神、无所不能的神，伴随一批概念股——网络技术、遗传基因技术、航天工程、纳米材料等的泡沫已经吹起。

人们认为，这些高科技产业将成为21世纪美国经济的主导产业，事实上相关概念的绝大部分公司都亏损得一塌糊涂。

科索沃战争爆发前夕，道琼斯指数已经冲上到11 000点。就在这样的形势下，欧元出现了，欧洲的货币统一了。

国际金融市场是最能体现人性的贪婪与恐惧的地方。

一块悬着的石头，总会让人担心焦虑，因为人们不知道它落下会产生怎样的后果，这个结果对自己有多大的危害，而这块石头一旦掉落，反而不会引起什么动荡。比如，金融市场上的所谓“消息”，一旦消息落地反而不可能有太大动静，所以，所谓“消息”操作模式是——于传言时买入，于落地时卖出。

当时的欧元就是如此。

1999年欧元正式启动，从第一时间就迸发出夺目的光彩，对美元更是来势汹汹。开始汇率为1∶1，在短期内迅速上涨到1∶1.19，后期稍有回落，但仍对美元维持强势。欧元未来升值趋势明显，资本一定会回流欧洲大陆。

对美元来说，欧元统一后欧洲大陆会形成一个统一的市场，对经济的刺激作用明显，在此后相当长一段时间里，统一制度的红利会逐步释放，将使得欧洲大陆经济出现前所未有的繁荣。欧洲经济的繁荣又必然促进欧元坚挺，进而在国际贸易中获得越来越重要的地位，这样反过来又会刺激资本进一步流出美国……国际货币结构任何小小的改变都是国际财富大大的再分配，也会使虚火上升的美元贬值，资本流出。

1999年，世界货币又到了一个分界点。欧盟统一货币的目标就是为了对抗美国的经济实力，提高自己在国际经济中的竞争力。一旦货币统一成功，下面距离统一的国家只剩最后一步了，统一的欧洲绝对具备挑战美国的经济实力！当时欧洲经济正在繁荣的起点，相反美国经济已经出现疲态，进入了衰退的轨道。

恰恰就在这个关键的时候，科索沃危机爆发了。科索沃危机说来话长，大致情况是南斯拉夫解体后，南联盟地区内部爆发了激烈的冲突，冲突双方大打出手。

在这样的时间、这样的地点、这样的事件，对美国来说是一次千载难逢的好机会，它有了对付欧元的强大武器！美国需要的就是发动战争。真实的逻辑只有一个——为了美国的最大利益！

1999年1月的前10个交易日，欧元从一开始就对美元表现出无法对抗的强势，汇率从启动时的1：1.167美元上升到1：1.190。与此同时，美国股市泡沫破灭的迹象越来越明显，索罗斯丝毫不顾美国公民的身份，在国内带领一批对冲基金狂炒国内中低价股（世界经验都为我们证明，中低价股爆发的时候，就是幕后庄家准备抽身出逃的时候，您就该卖股票离场了）。

3月22日，美国股市单日下跌高达218点，是5年来最大一次深跌，股市高科技泡沫破灭已经近在眼前。对宏观经济调控来说，美国联邦政府并没有多少手段干预国内经济运行，但是，它们却有最强大的工具——战争！

只要在欧洲大陆发动战争就能阻止资本回流欧洲大陆，仅仅一天后，也就是3月24日凌晨，以美国为首的北约突然以“保护人权”和“人道主义”灾难为由对科索沃发动进攻。国内金融市场暴跌与发动战争仅相隔一天，很难相信这只是时间上的

巧合。科索沃地处欧洲心脏，战端一开，欧元必然遭受重大打击。

战端一开，欧元汇率立刻被炸疲软了，一跌再跌，由年初的1∶1.180跌至后来的1∶1.033，跌幅约15%。在汇率制度上，下跌是以万分之几来计算的，一种新生的货币半年内就能下跌15%可谓极不稳定，怎么可能吸引国际资本？欧洲资本项目可以完全自由流动，哪一个企业主、哪一个投资者能眼睁睁地看着财富缩水？

于是，资本再次流向了世界上资本最大的避风港——美国。

一方面，有了欧洲大陆资本回流，美国金融市场立即呈现恢复态势，连创新高，一季度经济增长率恢复到4.5%。另一方面，有人估计，科索沃战争使得美国在世界军火市场所占份额上升了至少10个百分点，增加了至少20亿~40亿美元军火销售。

一场战争消耗的不仅仅是军火。军队还要消耗补给，带动的也不仅仅是食品、服装，更重要的是军事科研等产业。对欧洲大陆来说可就不一样了，这场战争令它损失严重。

美国是一个相对成熟的经济体，制度框架在可以预期的短时间内不可能产生巨变，也没有约束财政赤字的纪律。

欧洲大陆的逻辑跟美国是不一样的，把财政赤字限制在一定范围内是欧盟各国加入欧元时做出的承诺，也是保持欧元币值稳定的根基。更可怕的是战后难民涌入，这也会带来巨大的财政赤字。接下来就是民众悲观的经济预期、企业信心下降、失业率飙升、产出下降、经济下滑……

1999年，欧盟国家究竟为科索沃战争付出了多少代价，现在也没有公开，因为那肯定是一个令人瞠目结舌的数字。欧盟并不是看不清形势，只是身在北约的框架下被拖进了泥潭。

当时法国社会科学家杜克洛（Duclos）这样解释："就是要把已经开始疲软的美元强加于人，而对付正在兴起的欧元，就是要拿下在实力已快接近它的国家，避免它在金融和军事方面的统治地位被挑战"。

三、二战伊拉克：欧元911

战争是毁灭财富的最佳手段，战争也是创造财富的重要手段，没有战争的地方一定是资本的避风港。美国本土自南北战争之后从未被战火洗礼，即使第一次世界大战、第二次世界大战也是如此，这就是为什么全世界资本都涌入美国的原因。

2001年9月11日，这个神话被打破了。当日，美国纽约、华盛顿等城市遭受恐怖袭击，双子楼轰然倒塌，美国本土无战事的神话被终结。这是一场悲剧，也是美国经济的悲剧，从此美国不再是资本安全的避风港。

福无双至，祸不单行。

2002年，美国金融界爆发了一系列丑闻，安然事件、世界通讯事件、安达信倒闭……这些事件都涉及当事公司的诚信——企业不仅不能欺骗股东、不能欺骗消费者，更不能欺骗公众。

诚信是经济运行的根基，没有诚信的市场就是一片人吃人的丛林。美国人向来向全世界吹嘘，自己的市场是最诚信的市场，

所以在全世界最具备资本吸引力。现在，失去了诚信的光环，美国市场第一次被全世界的资本质疑。

“9·11”事件之后，沙特阿拉伯的投资人率先从美国银行撤出2 000亿美元资金，紧随其后，石油输出国组织官员暗示“要把石油定价从美元转为欧元”。2002年初开始，国际资本从美国大规模流出，欧洲大陆是最重要的出逃方向。这也难怪，放眼全球，除了美国就是欧洲大陆的安全系数最高。

任何风吹草动都会马上反映到国际金融市场，欧元立即进入了一波长时间的升值通道，从2001年四季度起，资本净流入额每月都高于150亿欧元。

这是1995年之后国际资本第一次大规模转移流动，从美国流向欧洲，源源不断的资本流入促使欧元进一步升值，“9·11”之后的数月欧元兑美元汇率升值在10%以上，汇率创自欧元诞生以来的新高。欧元作为一种新生的世界货币，虽然在科索沃战争中被打压，仍旧站稳了脚跟，马上就要与美元一争雌雄了。

——很多人大概都知道，美国是世界上欠债最多的国家。靠资本项目流入弥补经常项目流出，通俗说就是靠吸收海外投资弥补国内消费，一旦资本流出趋势不可逆转，美国与东南亚没什么区别。但是，由于美国的经济总量大、偏高的债务总额和整体居民杠杆率，危机一旦触发，美国乃至全球都将面临比1997年东南亚金融危机更可怕的后果。

——更可怕的是美元早就不再是一家独大了，1999年，欧元连接了一个巨大的市场，用统一的欧元把欧洲大陆连接在一起，区域内债券市场规模接近10万亿欧元，商品结算额度较欧元发行之前增加了近一倍，国际结算额与美元不相上下。

——当时，美国国内一片看空之声，摩根士丹利首席经济学家斯蒂芬·罗奇（Stephen Roach）表示，预计2003年美国经常项目赤字将进一步扩大至GDP的6.0%，美元贬值已是大势所趋且不可逆转。罗奇认为，未来几年美国国内资本将持续向国外流出，美元贬值幅度最低为15%。

以上种种，无论哪种情况都是美国不愿意看到的。

渡河未济，击其中流！

现在欧元还没真正站稳脚跟，尤其欧洲大陆还没正式实现一体化，趁着欧元未成气候，美国准备好了王牌——伊拉克战争！

当然，这场蓄谋已久的伊拉克战争第一目标不是打击欧元，由于美国全球战略各方面是相互联系的，且这场战争与美国近来维护美元霸权的基本思路相吻合，伊拉克战争确实在客观上对维持美元的国际地位产生了深远影响。

科索沃地处欧洲大陆腹地，战端一开整个欧洲都会不稳定，国际资本也就自然离开了欧洲大陆。但是伊拉克战争怎么会伤害到欧洲呢？

答：石油。

在这个世界上一种物品往往有多种用处，石油根本不仅仅是一种能源物资，而且是地地道道的金融产品！世界石油贸易是用美元结算的。

欧盟的软肋非常明显，只有统一的货币政策，没有统一的财

政政策；只有欧洲中央银行，没有欧洲财政部。别说欧盟，就是同一个国家各省经济增长率都不会一样。欧盟各国不可能有统一的经济增长，协调财政支出几乎是不可能的。这就为攻击者留下了空当，从1992年索罗斯击溃英镑开始就是对着这里下手，伊拉克战争当然也不例外。

欧盟国家大多属于贫油区，60%以上石油供应靠进口，尤其是欧盟的核心国家——德国，其石油进口率高达98%。任何一个能源高度依赖进口的国家都惧怕能源供应短缺，任何来自能源市场的波动都会沉重打击本国经济。

石油是最基础的能源物资，也是工业社会一切的根本，一旦能源涨价，所有商品都会跟着涨价。

美元对欧元的杀招恰恰就是强逼石油涨价。

只要欧洲大陆石油涨价，财政支出就必须增加，如果财政支出增加就有可能打破欧盟的财经纪律，即《马约》规定，欧盟国家必须把年度财政赤字限制在GDP的3%以下，累积财政赤字要限制在GDP的60%以下。

要执行这条纪律并不容易，欧洲大陆根本不可能对财政赤字建立有效的控制，各国经常自行其是。

经历了科索沃战争，欧盟的经济一直不怎么景气。2002年欧元区的核心德、法两国赤字水平都在3%的红线上下，如果这个时候“火上浇油”，比如石油价格上涨，欧盟控制财政赤字恐怕也就是说说而已。

尤其是德国如此高的能源进口依赖率，石油价格稍微上涨就会产生通货膨胀，欧洲中央银行如果采取紧缩措施，欧洲大陆经济就会陷入停滞。

2003年的伊拉克战争不同于之前任何一场战争，美国在没有确凿证据的情况下，对伊拉克单方面实施了军事攻击。

为什么对伊拉克发动战争?

除了一些人们耳熟能详的石油因素，我想以下这件事极有可能是埋下了引线：伊拉克在2000年擅自宣布废除国内美元兑石油的定价，改用欧元作为出口计价单位。美元之所以成为世界货币，非常重要的一点就是因为美元是石油的唯一通行计价货币。

2003年3月20日，美国以伊拉克藏有大规模杀伤性武器为理由发动了伊拉克战争，也就是美国所谓新世纪“先发制人”的国家安全新战略。

对金融市场来说，导弹与航母同样是最有效的武器!

战端一开，从3月24日开始，伦敦石油交易所（IPE）、布兰特原油期货交易所和纽约商品期货交易所（NYMEX）5月原油期货陡然暴涨，其中，纽约原油期货收高6.5%。

对美国来说，这场战争最得意的事儿就是，伊拉克很快举起了白旗，萨达姆被美军击毙。何况，战端肇始欧元一路狂跌，也不会有产油国用欧元定价了。全球只有石油美元，没有石油欧元，美元重新夺回石油标价权。

当时，美国《纽约时报》（*New York Times*）指出：对于美国而言，原油价格每桶1万美元也无所谓，只要是用美元结算就行；但假如石油期货有一半是用欧元结算，美国的麻烦就大了，这才

是控制伊拉克的真正目的。

对美国来说，这场战争特别得意的事儿就是，资本不会再流向欧洲大陆了。伊拉克是石油输出国组织“欧佩克”创始国之一，也是世界第二大产油国。这场战争似乎向世界宣告，只有美国才是最安全的资本避风港，只有美国本土才能庇护财产代代传承。

对美国来说，这场战争很得意的事儿就是，顺便打击了欧洲经济。与科索沃战争不同，法国、德国还在联合国安理会阶段的时候就强烈反对美国对伊拉克动武，但反对无效。战争爆发后，法、德不得不在国际政治经济舞台上选择站在美国一边，毕竟它们还要靠北约的势力一同对抗假想中的敌人。

2003年二季度欧盟经济糟糕至极，增长率仅为0.6%。受战争影响，欧洲大陆的旅游业、航运业、航空业、制造业等行业指数均开始下探。更严重的是，伊拉克每年石油产量240万吨，其中，200万吨用于出口欧洲。此后，石油的价格不再仅仅受控于石油输出国，美元也有发言权，尤其对欧洲大陆的石油价格。

关于这场战争，以金融圈人物的点评结尾。当时，**美联储主席格林斯潘曾这样公开评论伊拉克战争：“伊拉克战争主要是为了石油”。**

四、三战欧元：欧债危机

2005年后欧盟走上了扩张的道路，但是意大利、西班牙、希腊、葡萄牙、爱尔兰这五个国家与发达国家的差距甚远。在欧盟铁约《马约》关于财政赤字不能突破GDP3%的限制下，很容易出现矛盾。

2009年希腊财政赤字占GDP的12.9%，公共债务占GDP的比重达到了113%。这一比例已经远高于欧盟设定的3%上限。此后，希腊主权债务危机愈演愈烈，2010年1月，西班牙、葡萄牙、爱尔兰、意大利纷纷受到冲击，这些国家债务较重，财政体系面临崩溃，欧元面临着前所未有的考验，最可怕的时候汇率10天内创下跌幅8%的纪录。如果这个趋势持续下去，欧债危机就是第二场全球金融海啸。

2010年5月，欧盟推出有史以来最大的救助计划，宣布以7 500亿欧元（折合近1万亿美元）的代价稳固市场，以期平息这场债务风暴，重塑人们对欧元的信心。

一场欧元保卫战打响了。

这个时候美国却在打别的主意，从美元的霸权地位上讲，无论如何它也不希望欧元有超越的能力。

欧债危机是一场阴谋吗？我们用两句中国谚语来解释，第一，冰冻三尺非一日之寒；第二，苍蝇不叮无缝的蛋。欧债危机的出现并非偶然，内在症结仍是源于欧盟自身，美国也正好是借势而为、顺水推舟。

现在，让我们来梳理一下欧债危机。

欧元在1999年问世的时候只有11个成员国，均为经济发达国家。此后，欧元不断扩容，希腊、斯洛文尼亚、塞浦路斯、马耳他、斯洛伐克、爱沙尼亚、拉脱维亚、立陶宛等国家先后加入。

所谓“欧元东扩”为欧盟与欧元种下了一粒危机的种子，理论上只有具备一定条件才可以加入区域型货币，否则，整个区域货币政策都可能出现极大偏差。基本的条件包括：工资具有弹性，生产要素能够充分流动；财政政策与货币政策可以与整个区域相互协调；最重要的一条，各国经济发展水平基本相当，不能有重大差异。

2001年希腊申请加入欧元区是有条件的，关键标准是达到《马约》关于赤字不能超过国内生产总值的3%，负债率低于国内生产总值的60%的要求。希腊等国家当时并不具备加入欧元区的条件。

对于欧盟和希腊来说，希腊是欧盟东扩的第一个目标，政治诉求要高于经济诉求，双方都希望希腊能加入欧盟。

条件不够怎么办？**这个时候，一个神奇的机构——高盛出现了。**

高盛为希腊设计了一套“货币掉期交易产品”，掩盖了希腊政府10亿欧元的债务，于是希腊便堂而皇之地进入了欧元区。当时，高盛为希腊在国际金融市场融到一笔长期资金，这笔钱10～15年后才会归还，有了这笔钱，希腊轻而易举地达到了加入欧盟的标准，从账面上看财政赤字仅为GDP的1.5%。

有数据显示，当时希腊赤字实际占GDP的比例为5.2%，远远超过了规定。

从表面来看，加入欧盟毕竟是一件好事，希腊2001年以来GDP达到了4%的增速，较整个欧盟区高出2个百分点。这让希腊信心膨胀，连续维持高额财政支出，同时，希腊加入欧元区后融资成本降低，利率一直比较低，房地产、投资都得到了大幅增长。

房地产可以迅速带动经济增长，如果要维持这一增速，则必须从根本上提高人力资本才能创造更多财富。单纯依靠扩大财政支出、房地产，长此以往将难以为继。

种下一粒邪恶的种子，邪恶早晚要发芽。2008年后，希腊加入欧盟的恶果开始显现，过去十年来希腊的人力资本并没有得到质的提升，最有效的证明是国内产业结构改变不大，劳动生产率始终偏低，抗外部冲击能力不足。

但是，十年来希腊人力成本增速远远超过了人力资本有效成长增速（可以理解为劳动生产率），人力成本（工资）甚至达到了欧盟一流强国的地步，但整体人口的素质还停留在第三世界的层次。

加之近年来希腊面临严重的人口老龄化，政府社会保障支出越来越多，公共部门又处于一种扩张状态。公共部门工资上升又进一步加剧了市场化部门工资增加，严重损害了企业的市场竞争力。偏偏希腊当局忌于丢失选票，不敢采取紧缩型财政政策。

从形态上判断，外债比例过高一定会招来投机资本，引发货币战争。比如，1997年索罗斯把突破口就选在了外债偏高的泰国。2009年以来，评级机构不断降低希腊政府主权信用，靠借债弥补巨额财政支出的日子再也难以为继，国际投机资本尚未行动，希腊就爆发了欧债危机。

希腊如果倒下，接下来必然是意大利、西班牙、爱尔兰、葡

萄牙。法国、德国持有它们五国的大量国债；如果法、德倒下，英国、美国绝不可能幸免于难……

于是，大规模救市政策终于出台了。

2010年5月10日，国际社会联手救市，欧盟、IMF共计批准总额7 500亿欧元的救助资金，希腊与欧盟摆脱了厄运。

曾经有一位前辈如此说：从未见过一个国家靠借债就把人均收入提升到1万美元以上的，欧债危机是迟早的事儿。

无论如何，欧元作为一个超主权区域的货币已经存在了15年，在政治、文化上的影响丝毫不亚于经济方面。展望未来，欧元之路漫漫修远，很多不确定性需要欧元区国家不断求索。正因为如此，欧元也是一种希望。

世界大同，从货币做起。

第三节 | 广场落菊

一、日本人民站起来了

菊花与刀，日本双宝，刀为菊生，菊为刀亡。

第二次世界大战结束后，日本经济几乎遭到了毁灭性打击，但是，日本保留了优秀的人力资本，相关制裁并未管制日本经济。20世纪60年代开始，日本经济逐步摆脱了战后阴云，东芝、松下、索尼、佳能等一批老牌制造企业纷纷崛起，整个60—70年代日本经济增长率都在10%以上，迅速超越意大利、英国、法国和德国，一跃成为世界第三。与此同时，欧美西方世界的政府却由于长期奉行凯恩斯主义，不当使用经济政策导致经济陷入停滞，即“滞胀”，物价高而经济低迷。

1985年是一个关键的年份，这一年日本有5家银行进入世界10强。相较而言，美国金融界只有花旗集团在前十榜上有名，更糟糕的是，美国首次由资本净输出变为资本净输入，而且是世界上最大的债务国。此时，日本却摇身一变成为全世界最大的债权国……

80年代中期，美日贸易赤字显著扩大，美国朝野上下对日本的不满情绪不断膨胀，贸易保护主义不断抬头。

1985年9月，美国、英国、法国、德国、日本5国央行行长、财政部长齐聚纽约广场饭店，最终达成协议，一致同意各国干预外汇市场，日元被迫升值，目的是刺激美国商品出口，以挽回被过分高估的美元价格。这便是世界货币史上相当著名的《广场协议》，通过《广场协议》，日本遭遇了一场前所未有的大衰退，被称为“失去的十年”。

这也是一份非常诡异的协议，原本美国号称是最信奉自由经济的国度，居然以国家的力量强迫其他国家动用行政力量干预经济，按照它的理论，汇率原本应该自由浮动的。

《广场协议》之后，美元应声大幅贬值，日元则不断升

值。1987年1月日元兑美元汇率达到1：149.8，此时，日经225指数居然上升到20 000点；1988年1月4日，日元兑美元汇率达到1：120.45的最高峰。

一国本币升值，出口商品价格必然上升，进而出口下降，经济增长会趋于缓和。这不仅仅是经济学定律，应该也是“理性人”在购买商品时做出最优选择的结果。但是，日本人怎么也想不到自己得到了另一种结果——经济过热！

日元急剧升值并没有减少日本的贸易盈余，工业部门迅速完成了更新升级，进口产品物价越来越便宜。仅仅一年的时间，日本从1986年四季度起便进入了“平成景气”时代，各项经济指标迅速蹿红。

日元升值了，可以换来更多的美元。从1986年开始，日本人开始在全世界大采购，尤其是美国，过去那些日本人根本买不起的奢侈品现在唾手可得。当时，日本前往美国的班机周末一定爆满，都是赶往美国购物的人群。

日本人做生意还是比较有脑子的，他们买的不仅仅是奢侈品，而且还有世界上顶级的公司、顶级的房地产。

——1989年5月，日本索尼公司以高达34亿美元的报价成功并购美国娱乐业巨头，也是美国文化的象征之一——哥伦比亚影片公司。

——1989年11月，日本三菱将美国国家象征——洛克菲勒中心以8.46亿美元的价格买到了自己旗下，很多美国媒体惊呼这是日本最直接的“经济侵略”。

——在纽约、洛杉矶、费城，日本人几乎掌握了每一个繁华都市的闹市区，一半以上的房地产都属于日本人。特别是在夏威夷，96%以上的外国投资者都来自日本。

1985—1990年，日本对美国总共进行了18起500亿日元以上的巨型并购；到1990年末，美国10%的房地产已属于日本人了；6年间日本对美投资总计达到了4 000亿美元，是美国第一大投资国。

——1991年，美国出版的超级畅销书《即将与日本发生战争》中，观点只有一个：战后美国的头号敌人已经不是解体的前苏联，而是现在的日本，这是比前苏联更可怕的经济侵略。

日本在1987年GDP总量更是超越前苏联成为世界第二大经济体，可以说前景无限。

二、站起来的是高房价

在经济学上，一国对外贸易条件改善会带来如下后果：除了制造业转向出口导向型，国内服务业单位工资也会提高，投资收益也会提高，一旦经济过热形成一种趋势，投资收益就有可能超过制造业收益。

这个时候，就会迎来一波异样的繁荣，以房地产、金融为最，经济学术语将之称为“泡沫”。

《广场协议》后日元急剧快速升值，日本中央银行于1986年1月至1987年2月先后5次下调利率，创纪录地将一年期存款利率降到2.5%。

当时日本企业的设备投资率已经很高了，降息释放出来的大量资金开始进入股票和房地产市场。1987年刚刚开始的时候人们认为股市已经疯了。1987年10月，日经平均股价指数上涨到26 000点，到12月居然达到39 000点，是签订《广场协议》时股价的3倍还要多。

更可怕的是地价。1987年日本政府趁热打铁推出了《休养地法》和《综合开发计划》，简而言之就是缩小土地供给，要求高质量开发土地。这两项带有诱导性政策的法令导致各方资金大举进入房地产。

随着房产价格不断攀升，抵押变现能力不断增强，二战后的日本还没有经历完整的经济盛衰循环，人们天真地以为似乎地价、房价就应该只涨不跌，只要买到了房产，就等于赚到了真金白银！

1985—1990年，全日本地价上涨了4倍，东京中央区商业区域写字楼每平方米的价格在1982年约为350万日元，1990年上涨到3 200万日元，短短8年间房价涨了近10倍，按当时汇价折合每平方米22万美元。

日本金融当局知道泡沫已经太大了，于是，便想采取措施消除泡沫。1989年5月，日本央行将贴现率从2.5%调高至3.25%，以此收缩银根，日本开始了金融紧缩的历程。1989年12月，三重野康（Yasushi Mieno）接任日本银行总裁，这位铁腕总裁对“钱袋子”开始下重手，试图毕其功于一役解决泡沫问题。

1989年5月至1990年8月的16个月间，日本央行5次上调再贴现率至6%（调整再贴现率在国内不太常见，大家可以将之理解为提高存款准备金），同时，大藏省出台房地产调控最严格的政策：银行房地产贷款增速不得超过其贷款总额增速，将于1992年强化对土地所有权和转让收益的税收。

殊不知泡沫具备一种自我推进、自我复制、自我优化的机制，一旦经济进入了泡沫模式，泡沫便可以催生更大的泡沫。这个道理反过来说也是成立的，一个偶然的事件也会使得泡沫以不可遏抑的速度加速破灭，泡沫形成的时候很难刺破，破灭的时候更难控制速度。

三、十年究竟会失去什么?

经济泡沫会摧毁人的理性，一旦破灭更将使得成千上万的财富在瞬间化为乌有。这并不可怕，可怕的是人才流失造成的创造力缺失。《广场协议》之后的泡沫时间实在是太长了，整整6年，在职场6年足以培养一代新人了。

6年来，一个巨大的玄色泡沫迷惑了所有的日本人，除了资金不断涌入房地产、股市，还有人才，而后者才是最致命的。

十年树木，百年树人。

资金可以在瞬时补平，人才培养却不可能在短短几个月内完成，就算最优秀的人才想回到制造业或者实体企业，也很难在一代人中完成。一旦泡沫破灭，人才又都集中在金融行业，那么，泡沫之后的转型将是比较痛苦的，当时的日本就是如此。

1989年12月29日，日本股市达到了38 915点峰值，之后突然

暴跌。到了1990年9月日经股票市场已经平均亏损44%，相关股票平均下跌55%。股票暴跌导致几乎所有银行、证券公司等各类企业都面临巨额亏损，一批公司与富人宣布破产，这导致不动产供应量剧增，顿时房地产市场立即供过于求，房价出现明显的下跌趋势。

几乎没有人相信，东京、大阪、名古屋、京都、横滨和神户六大都市圈这样教育资源、医疗资源、行政资源、经济资源集中的地方，会出现房价暴跌。

相信所有生活在一线城市的人都对过高的房价有切肤之痛。但房地产一旦暴跌，跟着一系列产业都会受到影响，钢铁、水泥、建材、家具、物流，这些行业的工人工资会降低，接下来更多服务业会因此而萎缩，随即就是更多的人失业。泡沫的世界就如此循环。

当时日本房价暴跌，其中最重要的原因就是政府一系列错误的调控政策。1990年，日本央行抽紧银根，连续5次调息；官方电视台（相当于央视）在黄金时间播出了一套纪录片，连续播出了5个晚上，呼吁地价应该降低一半；主张以强硬手段限制房地产融资，同时进行税制改革。跟着，宫泽喜一内阁明确提出“确保国民能用5年的收入购买一套住宅”。市场决定的房价，政府如何能调控下来？如果房价下来了，那收入也就跟着下来了。

屋漏偏逢连阴雨，这时美元选择了进入加息周期！美元加息，世界资本会回流到美国。

一系列事件在日本楼市上取得了立竿见影的效果，1991年，日本不动产市场开始垮塌，巨大的地产泡沫自东京开始破灭，像病毒一样传播至日本全境。土地和房产根本卖不出去，陆续竣工的房屋没有买家，到处都是空置的房产，房地产价格可以用一泻千里来形容。

1995年，日本政府开始反省自己的房地产政策，推出了一系列恢复经济的措施，其第一要务就是扶振房地产。到了1996年，日本经济增长速度已经恢复到3%以上。但此时东南亚金融危机爆发了……日本不得不加大财政政策力度。即使如此，1998年经济增长率仍旧为-2.5%。

“失去的十年”可以总结为一句话：《广场协议》致使日元升值，从而引起资产价格持续升值，这是股市楼市泡沫的源头；而1990年美元加息、升值和日本政府一系列不恰当的宏观调控措施是导致泡沫经济破灭和后期衰退的重要原因。

其实，“失去的十年”并不可怕，始作俑者不是美元升值，也不是房地产和股市泡沫毁掉了经济的根基。

人是一切经济的根基，如果经济的根基原本已经不在了，即使没有泡沫，整个国民经济早晚也要面临困境。很难想象经济政策的一时失误会导致一个经济总量世界排名第二的国家进入长达20年的衰退。

那么，什么才是导致日本经济衰退的根本原因？

答：人口红利消失。20世纪50年代，日本迎来婴儿潮，此后经济增长在很大程度上就是依靠这种人口红利。但是，20年后这批婴儿长大成人，日本经济也一跃进入西方发达国家行列，老龄

化社会也在这个时候逐渐显现，90年代老年人在一线工作已经成为日本的一道景观。

老龄化社会缺乏创新能力，也不可能有年轻人创新的激情。我们在这本书中一直强调创新，无论经济体量多么庞大，缺乏创新的经济体早晚都将倒下，因为总有后来者可以超越。

日本经济增长的轨迹是这样的：20世纪70年代之前属于模仿性创新，跟中国现在差不多，模仿美国及西方发达技术是国内创新的主要途径；进入70年代之后，日本终于出现了“毁灭型创新”，所谓“毁灭型创新”，就是用一种全新的创造替代了原有产品，所谓把原有生产体系给“毁灭”了，只有这样才能创造全新的市场、全新的利润。80年代日本在科技和工艺方面均达到了全世界的前沿，如汽车、电子、光学等，日本几乎在全球垄断了电子和相机等市场。

当时日本并非没有机会。日元升值给日本个人和公司带来了巨大的财富，这是一个经济转型的绝佳时机。但是，日本仍旧把支柱产业设定为家用电器、汽车和电子产品，所谓高科技，则集中于大型计算机、电子模拟技术。反观美国，20世纪90年代之后以互联网为核心的信息技术迅速崛起，硅谷垄断了这一领域的所有创新。由于语言和政策短视等原因，日本至今都没有在IT技术水平上实现突破，甚至在很多方面都不如印度，在第三次技术革命浪潮中被甩在后面。

后　记

金融归根结底是对资本的有效配置，其实和我们每个人如何有效利用时间、每个家庭如何合理分配支出一样，其中的“道”与“术”殊途同归。因此，金融存在于每一个普通人的一颦一笑之中。

汇率是各国货币的价格。任何一个国家的崛起都伴随着货币的崛起。货币体系的发展与实体经济相辅相成、相互促进，货币体系已成为大国崛起的基本战略力量。当然，决定货币实力的基础是经济实力，决定经济实力的根本是创新，而决定创新能力的无疑是教育，只有教育才能最大限度地为创新积蓄能量。所以，人民币要成为世界货币，必须大力发展教育，培养我们的人力资本。这也是我们所从事教育工作的巨大意义。

汇市的背后是人性。汇市既有对资本的追求、对金融事业的理想，也有在泡沫中的狂热、贪婪和恐惧。人性中的“天使”和“魔鬼”同在，关键在于平衡和控制。其实，人类历史上所有汇率战争或金融危机都不是资本引起的，而是资本背后隐藏的欲望和人性，本质上是短期收益被无限放大而导致的欲望波动和人性传染。我们真正的敌人原来是自己的内心，而不是汇市、泡沫或危机。

我最近经常在想，每天都清晨五点半起床，这是勤奋的人

生，或是艰苦的人生，还是幸福的人生？

近几年我一直忙于工作和研究，经常在凌晨体力不支。虽不知道路在何方，但每一个脚步还算走得坚毅。也许，最初的方向无所谓有，无所谓无；走着走着，方向自然就出来了。也许，弯路无所谓有，无所谓无；走着走着，即使偏离了原来的方向，那也是新的方向，也是属于你自己的路。人生本就是一种经历，一切都是最好的安排。

《教父》里有一句经典台词：“每个人只有一种命运”。无论家庭怎样、职位是什么，也不管贫穷还是富裕、完美还是残缺，这些都是命运，独一无二的命运。因此，我要走的路，并不是张三之路，也不是李四之路，我不要用别人的轨迹来束缚自己的步伐。我要走的路，那也是独一无二的。

特别感谢我的导师将我引入金融学殿堂。先生从不秘技自珍，但即使手把手传授所有诀窍，我仍经常愚钝。技艺和知识可传承，一个人的心智、胆识和魄力却是不可逾越的鸿沟。

有人问一位著名登山运动员，登山有什么意义？他思量了半晌说，因为山在那儿。如果无法弄清做一事情的意义，我们往往会把这个意义归结为做事本身。也许，这本书就是如此。

伍聪

2016年8月凌晨于台灯下

参考文献

1. 陈雨露、马勇. 大金融论纲［M］. 北京：中国人民大学出版社，2013.

2. 陈雨露，汪昌云. 金融学文献通论：宏观金融卷［M］. 北京：中国人民大学出版社，2006.

3. 陈雨露. 全球经济调整中的中国经济增长与货币政策［M］. 北京：中国人民大学出版社，2007.

4. 金德尔伯格. 西欧金融史. 北京：中国金融出版社，2007.

5. 考特. 简明英国经济史（1750年至1939年）［M］. 方廷钰，译. 北京：商务印书馆，1992.

6. 麦迪森. 世界经济千年史［M］. 伍晓鹰，译. 北京：北京大学出版社，2003.

7. 奇波拉主编. 欧洲经济史：第二卷［M］. 北京：商务印书馆，1988.

8. 约翰·希克斯. 经济史理论［M］. 厉以平，译. 北京：商务印书馆，1999.

9. 杨帆. 人民币汇率研究——兼论国际金融危机与中国涉外经济［M］. 北京：首都经济贸易大学出版社，2010.

10. 朱舵华. 人民币汇率问题研究［M］. 北京：人民出版

社，2007.

11．赵庆明．中国汇率改革：问题与思考［M］．北京：中国金融出版社，2007.

12．陈彪如．国际货币体系［M］．上海：华东师范大学出版社，1990.

13．易纲，张磊．国际金融［M］．上海：上海人民出版社，1999.

14．姜波克．国际金融新编［M］．上海：复旦大学出版社，2005.

15．陈岱孙，厉以宁主编．国际金融学说史［M］．北京：中国金融出版社，1991.

16．田青．国际经济一体化理论与实证研究［M］．北京：中国经济出版社，2005.

17．陈雨露．大金融框架下的金融发展［J］．中国金融，2014（19）.

18．陈雨露．最优金融体系结构的路径选择［J］．金融博览，2015（7）.

19．陈志武．中国需要什么样的金融［J］．国际融资，2006（3）.

20．姜波克，李天栋．人民币均衡汇率理论的新视角及其意义［J］．国际金融研究，2006（4）.

21．曹凤岐．人民币汇率形成机制研究［J］．金融研究，2005（1）.

22．丁剑平，杨飞．人民币汇率参照货币篮子与东亚货币联动的研究［J］. 国际金融研究，2007（7）.

23. 姜凌，马先仙. 正确认识人民币汇率稳定的若干问题［J］. 金融研究，2005（8）.

24. 曹勇. 小型开放经济体的汇率制度选择：以新加坡为例［J］. 国际金融研究，2005（3）.

25. 王勇. "世界金融史上的革命"：论十七、十八世纪英国金融体系的形成［J］. 贵州师范大学学报，2008（6）.

26. 姚爱雨、陈祖洲，英美学者关于英国衰落问题的研究，［J］. 世界历史，2002（4）.

27. Anderson, S.P., de Palma, A. and Thisse, J.F. , Demand for Differentiated Products, Discrete Choice Models, and the Characteristics Approach［J］. *Review of Economic Studies,* 1990, 56 : 21–35.

28. Allen, James C. , Derivatives group to prep dealers for negative interest rates in Japan［J］, *American Banker,* 1995, 10/27/95, Vol 160 Issue 208.

29. Brander, J.A. and Krugman, P.R. A Reciprocal Dumping Model in International Trade［J］, *Journal of International Economics,* 1983, 15 : 313–23.

30. Dennis Cox, *Banking and Finance :Accounts,Audit and Practice,* London, 1993.

31. Gartner, Manfred. *Macroeconomics under Flexible Exchange Rates*［M］. Harvester Wheatsheaf, 1993.

32. Hallwood, C. Paul and Ronald MacDonald. *International Money and Finance* [M] . 3rd Edition, Blackwell, 2000.

33. Helpman, E. (1984), Increasing Returns, Imperfect Markets and Trade Theory , in Jones, R. and Kenen, P. (eds), *Handbook of International Economics,* Vol. I (Amsterdam: North–Holland), 325–15.

34. Robert M. Hartwell.Demographic, Political, and Social Transformations of China, 750–1550 [J], *Harvard Journal of Asiatic Studies,* Vol. 42, No. 2. (Dec., 1982).

35. Shen, Hubert. Can Non–Negative Interest Rates Grow on Recombining Trees? A New Approach, Detail Only Available [J] , *Journal of Fixed Income,* 1999, 9(99), Vol.9 Issue 2, 76.

36. Stephen G, Cecchetti. 1988, The Case of the Negative Nominal Interest Rates: New Estimates of the Term Structure of Interest Rates During the Great Depression [J] , *Journal of Political Economy*, 12(88), Vol.96 Issue 6, p. 1111.

37. Thornton, D. 1999，Monetary Trends: Nominal Interest Rates: Less Than Zero? [J], The Federal Reserve Banks of St. Louis, p. 121

38. Ulf and Andreas. Monetary policy when the interest rate is zero [J], *Economic Review*, 2009, 1，Vol.172，Issue 221.

39. W. R. Bisschop, *The Rise of the London Money Market: 1640–1826*, London, 1910.